英汉口译理论与实践

董丽群　李　洁◎著

中国书籍出版社
China Book Press

图书在版编目（CIP）数据

英汉口译理论与实践 / 董丽群，李洁著．－－北京：
中国书籍出版社，2023.12
ISBN 978-7-5068-9661-0

Ⅰ．①英… Ⅱ．①董…②李… Ⅲ．①英语—口译
Ⅳ．① H315.9

中国国家版本馆 CIP 数据核字 (2023) 第 230759 号

英汉口译理论与实践

董丽群 李 洁 著

图书策划	成晓春
责任编辑	盛 洁
封面设计	博健文化
责任印制	孙马飞 马 芝
出版发行	中国书籍出版社
地　　址	北京市丰台区三路居路 97 号（邮编：100073）
电　　话	（010）52257143（总编室）（010）52257140（发行部）
电子邮箱	eo@chinabp.com.cn
经　　销	全国新华书店
印　　刷	天津和萱印刷有限公司
开　　本	710 毫米 ×1000 毫米　1/16
字　　数	220 千字
印　　张	12.75
版　　次	2024 年 5 月第 1 版
印　　次	2024 年 5 月第 1 次印刷
书　　号	ISBN 978-7-5068-9661-0
定　　价	78.00 元

版权所有　翻印必究

作者简介

董丽群 性别：女，毕业学校：兰州理工大学，专业：英语语言文学，学历：硕士研究生，现工作单位：甘肃农业大学，职称：讲师，职务：无，研究方向：专门用途英语

研究成果：

主持甘肃省社科联甘肃省高等院校外语教师发展研究项目1项，甘肃农业大学人文学院混合课程建设1项；参与教育部产学合作协同与人项目2项。发表SCD论文3篇。

获得首届"外教社"杯全国大学英语教学大赛甘肃省赛区听说课组二等奖、第十三届"外教社"全国高校外语教学大赛（大学英语组）甘肃赛区视听说组二等奖、中西部地区高等外语课程思政教学设计大赛一等奖。

作者简介

李洁 性别：女，毕业学校：兰州理工大学，学历：硕士研究生，现工作单位：兰州文理学院外语学院，职称：讲师，职务：无，研究方向：二语习得

研究成果：

2003年兰州理工大学英语语言学专业毕业；2003年获得英语专业八级证书，第二外语为日语；2004年就职于兰州文理学院（原甘肃联合大学）外语学院；2004年获得初级翻译资格证书；2009年通过国家汉办对外汉语教师选拨；2013年兰州理工大学外国语言学及应用语言学硕士毕业；2014年上海外国语大学语言研究院访学。2016年指导4名学生获得全国大学生英语竞赛一等奖、三等奖；2016年指导1名学生获得第四届实用英语口语大赛校级一等奖；2022年获外教社全国外语教师教学大赛西北赛区一等奖。

前　言

口译（又称传译）是一种翻译活动，顾名思义，是指译员以口语的方式，将译入语转换为译出语。口语翻译活动要求同声传译员在讲者仍在说话时"同时"进行翻译。口译作为人类一项重要的跨文化交流行为，其悠久的历史几乎与人类自身的历史一样源远流长。在当今全球化进程不断加快、世界各文化区域联系日益紧密的时代，口译在政治、军事、经济、贸易、文化、体育等领域发挥着越来越重要的作用。口译的跨交际功能更为凸显，不同类型、不同性质的口译活动亦日趋频繁。口译活动，特别是会议口译本身就是一个"全球化职业"。

在全球化的背景下，信息交往密度越来越大、频率越来越高、沟通方式越来越多样化，信息传递的间隔时间也越来越短。全球化也带来了诸多问题，如经济发展问题、金融贸易问题、技术问题、文化问题、语言本身的问题等。彼此之间只有通过真诚沟通才能和谐解决这些问题，而口译为拥有不同文化背景的彼此双方顺畅沟通充当桥梁和纽带。随着我国综合国力、国际地位和国际影响力的提升，中国发生的一切已经并正在受到国际社会的密切关注。伴随着中国文化"走出去"战略的实施和对外传播事业的发展，中国的对外传播取得了可喜的成绩。不同国家和民族拥有自己的语言和文化，国与国、人与人之间要达到沟通的目的，就必须有口译。口译，作为人类交往的一个必须与必然的手段，作为传播不同文化的媒体，在日益国际化的今天起到了极为重要的作用。

本书共分为五章，第一章为口译历史回顾，主要包括口译的概念、口译的起源、口译的发展三个方面；第二章为英汉口译的基本原理，主要阐述以下五个方面：英汉口译过程、英汉口译特点、英汉口译类型、英汉口译标准和英汉口译人员应具备的素质；第三章为英汉口译的基本技能，分为以下几个方面：英汉口译中的听辨技能、英汉口译中的记忆技能、英汉口译中的记录技能、英汉口译中的演讲技能、英汉口译中的数字表达差异应对技能、英汉口译中的文化差异应对技能；第四章为英汉口译的应用及案例分析，包括以下几个方面：日常生活中的英汉口译应用、政务会议中的英汉口译应用、商务活动中的英汉口译应用和科技领域中的英汉口译应用；第五章为新时代口译技术的应用与发展，包括口译技术对口译服务的影响、新时代口译人员的技术能力、口译技术在未来的发展趋势三个方面。

  本书由甘肃农业大学董丽群老师整体统筹策划，并作为第一作者负责全书第三章和第五章的撰写，合计12万字左右。第一章、第二章和第四章由第二作者兰州文理学院李洁老师撰写，合计10万字左右。两位教师均为英语专业一线教师，其中董丽群老师是《英汉口译》和《汉英口译》课程的主讲教师，教学经验丰富，在口译研究方面也颇有心得。

  在撰写本书的过程中，作者参考了大量的学术文献，得到了许多专家学者的帮助，在此表示真诚感谢。本书内容系统全面，论述条理清晰、深入浅出，但由于作者水平有限，书中难免有疏漏之处，希望广大同行及时指正。

作 者
2023年6月

目 录

第一章　口译历史回顾 1
　　第一节　口译的概念 1
　　第二节　口译的起源 2
　　第三节　口译的发展 4

第二章　英汉口译基本原理 24
　　第一节　英汉口译过程 24
　　第二节　英汉口译特点 33
　　第三节　英汉口译类型 36
　　第四节　英汉口译标准 44
　　第五节　英汉口译人员应具备的素质 46

第三章　英汉口译的基本技能 53
　　第一节　英汉口译中的听辨技能 53
　　第二节　英汉口译中的记忆技能 58
　　第三节　英汉口译中的记录技能 75
　　第四节　英汉口译中的演讲技能 99
　　第五节　英汉口译中的数字表达差异应对技能 107
　　第六节　英汉口译中的文化差异应对技能 122

第四章　英汉口译的应用及案例分析……………………………………143
　　第一节　日常生活中的英汉口译应用……………………………143
　　第二节　政务会议中的英汉口译应用……………………………146
　　第三节　商务活动中的英汉口译应用……………………………149
　　第四节　科技领域中的英汉口译应用……………………………170

第五章　新时代口译技术的应用与发展………………………………175
　　第一节　口译技术对口译服务的影响……………………………175
　　第二节　新时代口译人员的技术能力……………………………179
　　第三节　口译技术在未来的发展趋势……………………………189

参考文献………………………………………………………………195

第一章 口译历史回顾

人类的口译并不是简单的机械翻译，而是一种积极主动的、以交流信息为目标的创造性翻译活动。本章主要介绍了口译历史，主要分为以下几个方面：口译的概念、口译的起源、口译的发展。

第一节 口译的概念

口译（Interpreting）是一项重要的交际活动，它帮助具有不同文化背景的人们面对不同的语言也能进行沟通和理解。口译员通过将一种语言翻译成另一种语言的方式，能够有效地传递信息、交流思想、讨论问题和解决问题。在这种跨文化、跨民族的交流活动中，口译发挥着至关重要的作用，成为不可或缺的基本交际工具。口译员需要具备丰富的语言能力、专业知识和跨文化交际技巧，以确保准确、快速地传递信息，并促进不同文化之间的互动与理解。通过口译，人们能够更好地跨越语言障碍，实现有效的交流合作。

口译是一种通过口头表述形式，将所听到（间或听到）的信息准确而又快速地由一种语言转换成另一种语言，进而达到传递与交流信息之目的的交际行为，是人类在跨文化、跨民族交往中依赖的一种基本的语言交际工具。

口译不仅仅是将一种语言的符号转换为另一种语言的符号，更重要的是要传递信息的意义和目的。口译者需要理解原始信息的背景和意图，并准确地转达给使用目标语言的听众，同时保持交流的流畅和连贯。在口译过程中，口译者可能会进行适当的文化调整和转换，以确保信息在传递和理解过程中的准确性。因此，口译是一种有创造性的活动，它要求口译者在信息传递的过程中运用自己的语言和交际能力，以实现有效的跨语言交流。口译也是一种综合性的语言活动。除了词义和句子意义，口译还需要考虑交际内容所涉及的多个方面。口译者需要理解和传达词语的意义，同时还要考虑话语的上下文意义，以确保准确传达信息。口译还需要关注言外寓意和语体含义，因为这些因素可以对信息的理解产生重要影响。另外，口译也受到民族文化含义的影响。口译者可能需要进行文化适应和转换，以确保信息传达的贴切性和准确性。从这个意义上说，口译不仅仅是语言活动，而且还是文化活动、心理活动和社交活动。

从事上述口译工作的人叫做译员（Interpreter）。在相当长的时期里，以口译为职业的人叫做职业译员。除了职业译员以外，还有兼职译员和自由人译员。自由人译员以承接口译任务为基本职业，他们可能有固定的服务对象，但不从属于任何一个正式的翻译机构。偶尔做些简单应急口译工作之类的人不是通常意义上的译员。译员必须是掌握两种或两种以上语言的语言知识和语言能力的双语人。但是，一个能说两种语言的双语人不经过训练未必能成为称职的译员。这就是说，译员的前提是双语人，但双语人不等同于译员。比如，一个母语为英语的人并非自然而然是一名英语教师，也就不能称职地向母语为非英语的人士教授英语；发音器官无障碍的人都会唱歌，但一个发音器官正常的人不一定是一个歌手。

第二节 口译的起源

口译的历史源远流长，可追溯到人类社会的早期。在人类原始社会的漫长历史中，原始部落群体的经济和文化活动都是各自为政的区域性活动。随着历史的发展，这种自我封闭的社会形态显然阻碍了人类经济和文化的进一步发展，于是各部落群体便产生了跨越疆域、向外发展的愿望，产生了与使用不同语言的民族进行贸易和文化交流的需要。语言不通显然成为跨民族交流的最大障碍，而口译作为语言媒介可以使人们与外界进行经济和文化交往的愿望成为现实。于是，人类跨文化、跨民族交际的桥梁——双语种或多语种口译便应运而生。

在人类社会的发展史上，口译活动推动了世界各族人民之间的政治、经济、军事、文化、科技、卫生和教育的交往活动的发展。古代社会东西方文明成果的交流，佛教、基督教和伊斯兰教的向外传播，文成公主远嫁吐蕃，马可·波罗东游华夏，哥伦布发现新大陆，郑和下西洋，鉴真东渡扶桑，两次世界大战的爆发，联合国的建立，世贸组织的形成，中国全方位的对外开放，"地球村"的发展，欧元区的创建，亚太经合组织的成立，亚欧会议的召开……所有人类历史上的大事无不烙有口译的印记。在人类跨文化、跨民族的交往活动中，口译无疑起着桥梁和催化剂的作用。

口译作为一种专门职业，在中国有着悠久的历史，可以追溯到两千多年前。古时，从事口译职业的人被称之为"译""寄""象""狄鞮""通事"或"通译"。《礼记·王制》中记载："五方之民，言语不通，嗜欲不同。达其志，通其欲，东方曰寄，南方曰象，西方曰狄鞮，北方曰译。"[1]《癸辛杂识后集·译者》对口译做了这样的解释："译，陈也；陈说内外之言皆立此传语之人以通其志，今北方谓之通事。"[2]《后汉·和帝纪》提到了当时对译者的需求："都护西指，则通译四万。"[3]

虽然在西方各国历史上也存在兼职的口译人员，但直到20世纪初，口译才在国际上被认定为一项正式的专职职业。在第一次世界大战结束后的1919年，一大批专职口译人员以正式译员的身份参与了巴黎和会，在会议上担任"接续翻译"或"连续翻译"的角色。这一事件标志着口译的职业化得到了认可，口译的基本方法和技能训练开始受到重视。自那时起，国际口译开始发展成为一项专门的职业。口译人员不再只是兼职或零散的译员，而是专注于口译工作，并接受相关的培训来提升专业技能水平。口译人员的专业素养和专业道德也开始受到重视，并逐渐形成了一套规范和标准。这种职业化的发展为口译的进一步发展奠定了基础，同时也提高了国际交流和合作的效率和质量。口译作为一项专业的职业，为不同语言和文化之间的交流搭建了重要的桥梁，促进了各国之间的友好关系和合作。

在两次世界大战的间隔期间，美国发明了一种让译员一边使用耳机听源语，一边使用话筒传送译语的"共时翻译"设备，后来被称为同声传译设备。这种设备允许译员在听取源语的同时，使用话筒传送译语，实现了实时的翻译。这一设备的发明极大地提高了翻译效率和精确度。同声传译设备在第二次世界大战结束后的纽伦堡战犯审判中被首次正式应用。在这个重要的审判过程中，大量的证词、辩论和审判的工作需要进行翻译。使用同声传译设备确保了在源语结束时，译语几乎同时结束，从而节约了宝贵的时间，提高了审判的效率。自此之后，同声传

---

[1] 周大璞，黄孝德，罗邦柱. 训诂学初稿[M]. 武汉：武汉大学出版社，2007.
[2] 苏长青. 口译[M]. 天津：天津大学出版社，2003.
[3] 范晔. 后汉书[M]. 北京：团结出版社，1996.

译设备在各种国际会议、高级谈判和重要的国际活动中被广泛应用，它为口译工作带来了革命性的进展，使得翻译人员能够更加高效地进行工作，并且为各国之间的沟通和交流提供了重要的支持。

第三节　口译的发展

一、口译的职业化发展

口译的职业化发展表现为口译职业标准的确立。1945年10月，联合国组织正式宣告成立。随着联合国及其他全球性和地区性组织的成立，不同国家之间的交流变得更加频繁，需要大量的口译员来进行双语和多语的交际活动。这对口译员的要求变得更加严格，需要他们受过专业训练，并具备职业行为规范、职业意识、专业精神、职业道德等方面的素养。

为了确保口译水平和质量，口译职业化发展的一个重要条件是制定和遵守职业标准。这些标准通常包括对口译员必备的知识、技能和素质，以及职业道德和行为规范等方面的要求。这些标准的制定有助于确保口译员的专业能力和职业素养，并为口译行业提供了一个统一的参考框架。口译职业标准的确立使得口译员能够在职业发展中有一个明确的目标和准则，也促进了口译行业的专业化和规范化发展。同时，这也有助于提高口译服务的质量和可信度，满足多个领域对高水平口译的需求。

口译的职业化发展还表现为口译工作者协会或组织的建立。1953年成立的国际翻译工作者联合会（英语：International Federation of Translators；法语：Federation International des Traducteurs，简称FIT）是第一个专门服务于口译和笔译工作者的国际性组织。国际翻译工作者联合会的成立为口译行业提供了一个平台，使得不同国家的口译工作者可以联合起来分享经验、交流技术，共同推动口译行业的发展。口译工作者协会或组织的建立对于职业口译员来说非常重要。这些协会和组织提供了一个专业的交流平台，为口译工作者提供培训、讨论、研讨会和其他专业活动的机会。它们也可以代表口译工作者的利益，并与政府机构、国际组织和其他相关机构合作，提高口译职业的地位和声誉。此外，口译工作者协会或组织还能推动行业标准的制定和推广，促进口译教育和培训的发展，提供就业机会和职业发展支持，以及解决口译行业中面临的问题和挑战。它们的存在和运作有助于促进口译行业的职业化、专业化发展。

同年，国际会议口译员协会（International Association of Conference Interpreters，简称 AIIC）在日内瓦成立，这对会议口译员来说是唯一的全球性专业协会。国际会议口译员协会的成立对于会议口译行业的职业化发展具有重要意义。国际会议口译员协会负责制定和推广会议口译员的专业标准和道德准则，并通过审核和认证来确保会议口译员的专业资格。他们制定的从业规则、道德规范和专业培训标准对于会议口译行业起着重要的指导作用。这些准则的推广和接受，使得会议口译员能够遵循一系列的标准，提供高质量的口译服务。国际会议口译员协会还为会员提供培训、交流和学术研究的平台，促进会议口译员之间的合作和专业发展。他们定期组织会议、研讨会和培训活动，以帮助会员增加专业知识和提高专业技能。国际会议口译员协会的存在，使得会议口译员能够共同推动行业的发展，并确保会议口译的高质量和专业水准。这种全球性的专业协会给予了会议口译员更多的认可和支持，推动了会议口译行业的职业化进程。

此外，口译的职业化发展还表现在口译市场的成熟和发展。随着全球化进程的加速和国际交流的增多，市场对口译员的需求越来越大。口译员群体包括专职口译人员、自由职业者和兼职译员，他们在政治、经济、文化等各个领域中发挥着重要作用，促进不同语言、不同文化之间的交流与合作。翻译市场的需求也在迅速增长，翻译已成为全球最热门的产业之一。口译作为翻译的一种形式，在国际会议、商务洽谈、学术交流等领域中扮演着重要角色。口译市场的需求与口译员资源的相对稀缺形成了一定的供需矛盾，这促进了口译的职业化发展。随着口译市场的成熟和需求的增长，口译职业的地位和价值逐渐得到认可。这也带来了更多的就业机会和发展空间，激励着口译人员提升自身的专业素养和能力。同时，为了满足市场需求，口译行业也在加强培训和认证体系，提高口译人员的专业标准和质量。

二、口译教学与译员培训发展

口译教学与译员培训发展可以分为西方口译教学与译员培训发展、中国口译教学与译员培训发展两个方面。

（一）西方口译教学与译员培训发展

西方口译教学与译员培训发展主要从西方主要翻译学院及口译培训中心和西方口译教学模式演变两方面介绍。

1. 西方主要翻译学院及口译培训中心

西方口译教学从20世纪40年代末开始，逐渐确立了自己的独立学科地位。欧洲著名的高级翻译学院和口笔译教学单位主要有法国的巴黎高等翻译学校、瑞士日内瓦大学翻译学院、意大利特里斯特大学翻译学院以及英国纽卡斯尔大学口笔译教学部等。这些学院和学部以其专业的师资队伍、先进的教学设施和丰富的教学资源而闻名。它们为学生提供系统的口译教育和培训，培养他们的口译技能、跨文化交流能力和专业素养。这些机构还注重口译教学与研究的深度、广度，推动口译理论和实践的进步。通过为口译教学提升独立学科地位的做法，这些学院和学部为口译的专业化和学术化发展奠定了基础。它们的存在和运作促进了口译教育的规范化和标准化，提高了口译人才的培养质量。这些机构在口译领域的声誉和影响力不仅在欧洲，也在全球范围内得到认可。它们不仅吸引着来自世界各地的学生前来学习和研究口译，还与其他口译教育机构和研究机构合作，推动口译教学和研究领域的交流与合作。

乔治敦大学口笔译教学部和蒙特雷国际研究院高级翻译学院则是美国著名的口译教学机构，它们在口译教育和研究方面发挥着重要作用。

乔治敦大学口笔译教学部致力于培养口译和笔译方面的专业人才。该部门提供口译硕士学位和本科专业，在培养学生的口译技能、跨文化沟通能力和专业素养方面具有丰富经验。该学院还与联合国、美国政府等机构合作，为国际交流和跨国合作提供优秀口译人才。

蒙特雷国际研究院高级翻译学院是美国著名的翻译学院之一。该学院提供翻译硕士学位，培养口译和笔译方面的专业人才。它以其世界级的翻译教育和培训资源而闻名，为联合国、欧盟和各国政府提供高质量的同声传译译员。

巴黎高等翻译学校是全球最早提供翻译硕士学位和博士学位的高校之一。该学校创建于1957年，被认为是翻译学界的先锋之一。巴黎高等翻译学校为口译研究和理论的发展作出了重要贡献，并借鉴神经生理学、实验心理学等领域的研究成果，提出了巴黎释意派口译理论（Theory of Sense, or Interpretative Theory）。

这些学院和学校通过提供专业化的口译教育和研究，培养了大批优秀的口译人才，推动了口译领域的进步和发展。它们在口译教育和研究方面的声誉和影响力为口译行业的职业化提供了重要支持。

除此之外，其他著名的口译研究和培训中心还包括英国曼彻斯特大学翻译和跨文化研究所、奥地利维也纳大学翻译研究中心、澳大利亚昆士兰大学的社区口译研究中心、美国加劳德特大学翻译系的手语传译研究中心、韩国首尔大学外国语言翻译中心等。这些著名的口译研究和培训中心在口译领域具有专业化的研究方向和丰富的教学经验，为口译教育、研究和实践的发展作出了重要贡献。它们在培养专业口译人才、提高翻译和口译质量以及推动学术研究方面发挥着重要作用。

2. 西方口译教学模式演变

（1）"学徒式"口译教学模式

在20世纪的大部分时间里，几乎所有的口译教学项目和机构都以培养交替传译和同声传译技巧为目的。第一代的口译教师本身亦是成功译员，因此形成了一种经典的口译教学模式，即"学徒式"（Apprenticeship）的教学模式。这种教学模式主张以师徒相传的方式向学生传授口译的专业技能和知识，模拟真实口译任务场景为其主要教学形式。"学徒式"口译教学模式使学生能够在实际的工作环境中学习和应用口译技巧。学生们在指导下进行实际的口译练习，通过模拟真实场景来提高自己的口译能力。这种教学模式注重实践，重视学生在现实工作场景中的表现和反馈。"学徒式"教学模式在培养口译人才方面具有一定的优势。它能够帮助学生更好地理解和掌握交替传译和同声传译的技巧和要求。通过与经验丰富的教师或专业口译员互动，学生能够受益于他们的指导和经验分享，加快自身的成长和发展。

（2）认知过程范式

在20世纪80年代，"学徒式"口译教学模式开始受到质疑，并出现了对更为科学和系统的口译教学方法的需求。在这个时期，认知过程范式成为口译教学的重要理论框架，并在口译员的技能培训中取得了显著的成果。

认知过程范式主要关注口译过程中的认知活动和思维过程。它关注口译员在接收原文信息、进行加工和转换，以及产出目标语言译文时所涉及的认知过程。这种范式强调口译过程中的思维和决策，旨在帮助口译员更好地理解、分析和处理口译任务。认知过程范式的代表人物包括达妮卡·塞莱斯科维奇（Danica Seleskovitch）和马里索尔·波佐（Marisol del Pozo）等。她们提出了基于认知过程的口译教学模型，如观察分析模型（Observation-Analysis Model）和目标言语模型（Target-Language Model）。这些模型通过分析和揭示口译员的认知过程，帮助学生理解和掌握口译技巧，并提高他们的口译能力。认知过程范式的出现可谓是口译教学的重要里程碑，它提供了更为系统和科学的口译教学方法，引入了认知心理学和教育学的理论框架。这种范式的运用使口译教学更加注重口译过程中的认知和思维，通过有效的训练和指导，提高口译员在现实工作中的表现能力。认知过程范式的应用不仅在口译教学中取得了突出的效果，而且对口译研究和实践的发展也起到了积极的推动作用。它帮助提高口译教学的科学性和有效性，为口译专业的发展作出了重要贡献。

基于认知过程范式的口译教学应以情景认知、反思性实践和认知式传授为指导，并注重以学生为中心和互动导向的教学方式。以下是这些指导原则的一些关键要点。

①情景认知（Situated Cognition）

口译教学应该模拟与实际工作情境尽可能相似的学习环境，使学生在真实的语境中进行口译训练。这种情景认知的教学方法能够促使学生更好地理解和应用口译技能。

②反思性实践（Reflective Practice）

口译学习者应该在实践中通过反思来审视和改进自己的口译方法。通过反思，学生能够意识到自己的优点和不足，发掘出问题所在，并采取措施来不断提高口译能力和解决实际问题。

③认知式传授（Cognitive Apprenticeship）

口译教师在教学过程中扮演导师的角色，引导学生通过观察、模仿、练习和反思的方式潜移默化地掌握口译技巧和策略。这种认知式传授强调知识的内隐传递和实践的一致性。

④以学生为中心和互动导向

口译教学应该注重学生的主体地位，鼓励学生积极参与和互动。教师可以采用小组讨论、角色扮演、案例研究等教学策略，激发学生的学习兴趣和动力。

基于认知过程范式的口译教学方法旨在提高口译学习者的口译能力和译员的专业素养。通过注重情景认知、反思性实践、认知式传授以及以学生为中心和互动导向的教学方式，口译学习者能够更有效地掌握口译技能，提升口译水平。

（二）中国口译教学与译员培训发展

中国的口译教学与译员培训虽然起步较晚，但是由于市场需求大，因此发展十分迅猛。口译教学的模式也由最初的以教师为主导、注重传授口译知识的机械式教学模式转变为以技巧训练为中心、注重培养学生的口译技能的灵活教学方式。

1. 中国主要翻译学院及口译培训中心

中国口译教学的发展相对较晚，一般被认为是从1979年开始的。那年，联合国在原北京外国语学院（现北京外国语大学）举办了第一期的译训班，标志着中国口译教学的起步。这个译训班为中国口译教育提供了一个重要的契机和平台。自那时起，中国口译教学逐渐发展起来，并取得了持续的进步。口译教学在大学、翻译学院和专业培训机构等多个层面得到了推广和开展。口译教学的专业化水平逐渐提高，教材编制、教学方法和培训体系也得到了不断优化和完善。

中国口译教学的发展可以追溯到20世纪50年代的外交口译和国际会议口译。在那个时期，中国政府开始培养一些外交官和翻译人才进行外交活动和国际会议的口译工作。然而，口译教育在相对封闭的环境下起步，面临着许多挑战和限制。随着改革开放的推进以及中国与外界交流的不断增加，口译教育逐渐获得了更多的重视和发展机遇。特别是在1978年中国改革开放的初期，中国开始接触国际组织和国际会议，对口译人才的需求逐渐增加，这也推动了中国口译教育的迅速发展。

20世纪90年代后，随着翻译作为独立学科的重要性日益凸显，越来越多的教育机构开始专门培养高级翻译人才。在北京、上海、广州、厦门、西安、重庆、香港、澳门、台湾等地区的高校中，纷纷成立了翻译院系或独立的高级翻译学院。在这些高校中，北京外国语大学高级翻译学院、上海外国语大学高级翻译学院、广东外语外贸大学高级翻译学院以及台湾辅仁大学翻译研究所等机构是最为著名和有影响力的高级翻译学院中的几个代表。

北京外国语大学高级翻译学院成立于1995年，是国内最早的翻译学院之一。

该学院专注于培养英汉同声传译人才以及其他高级口译和笔译人才。学院致力于培养高水平、高素质的翻译人才，注重学生的口译专业能力和跨文化交际技巧的培养。学院教学团队由经验丰富的教师和专业人士组成，他们提供针对口译和笔译的系统培训，包括口译技巧、现场应变能力、翻译理论和实践等方面的内容。北京外国语大学高级翻译学院为政府部门、各类国际会议等提供高层次的口译服务人才。学生在学院的培养下，具备了扎实的语言能力、良好的口译技巧和专业素养，能够胜任各种高级口译工作，为国家的对外交流和国际合作发挥了重要作用。该学院的强项是同声传译，学院与各类国际会议有着紧密的合作关系，为会议提供高质量的同声传译服务。学院的学生也有机会参与重要国际会议的实际口译工作，锻炼自己的实际应用能力。

上海外国语大学高级翻译学院建立了"同声传译"基地，为同声传译人才的培养和实践提供了专门的场所和设施。这个基地提供高标准的模拟同声传译环境，让学生能够在真实的场景中进行实际的同声传译训练，提高他们的同声传译能力和专业水平。此外，上海外国语大学高级翻译学院还设立了中国第一个独立的二级学科翻译学学位点，招收翻译学硕士和博士研究生。这个举措使得学院在翻译学研究和人才培养方面得到了更加系统和深入的发展。学院的研究生教育重视理论研究和对实践能力的培养，为翻译学领域的深入研究和人才培养提供了重要支持。通过建立"同声传译"基地和设立翻译学学位点，上海外国语大学高级翻译学院致力于推进翻译学领域的发展和创新，培养更多优秀的同声传译人才和翻译学研究人才。学院的努力为翻译行业和研究领域提供了宝贵的资源和人才支持，推动了翻译学的发展和人才培养。

广东外语外贸大学高级翻译学院因其在外贸金融等学科方面的优势，在培养各类高级口译人才方面发挥了重要作用。该学院注重培养学生的专业素养和实践能力，帮助他们适应国际交流和商务环境的需求。学院的口译教学注重实践导向，通过与实际工作的结合，为学生提供真实的口译案例和场景，使他们能够在实践中提升口译技能和应对能力。同时，学院借助学校在外贸金融等领域的优势，为外事、外贸单位以及高档次国际会议等培养了各类高级口译人才。学院教学团队由经验丰富的教师和专业人士组成，他们提供权威的学术指导和实用的培训，致力于培养具备专业素养、语言能力和跨文化交际技巧的口译人才。通过综合运用外贸金融学科知识，广东外语外贸大学高级翻译学院为学生提供了多样化的学习机会和实践平台。这有助于学生全面发展自己的专业能力，为外事、外贸领域及高级国际会议等提供高质量的口译服务。

台湾辅仁大学翻译研究所以培养具有专业口译水准的职业口译员为教学宗旨，这使得其口译教学在台湾地区独树一帜。该研究所的口译教学传承了欧美口译教学传统，在注重口译专业性的基础上，强调培养学生的精英素养。台湾辅仁大学翻译研究所的口译教学重视学生对专业口译技能、策略的学习和实践应用。教学内容涵盖了口译理论知识、技巧训练以及实际的口译实践训练。学生通过系统学习和实际操作，培养了高水平的口译能力，并且具备应对各种专业领域和场景的口译需求的能力。该研究所的口译教学强调专业性和精英色彩，致力于培养具备高度专业素养和出色口译能力的职业口译员。学生在学习过程中接受严格的培训和指导，注重培养学生的语言表达能力、逻辑思维能力以及跨文化交际能力。台湾辅仁大学翻译研究所的口译教学以其独特的教学理念和方法在台湾口译教育领域具有较高声誉。依据其专业性和精英培养的特色，该研究所为台湾地区培养了一批批具备高水平口译能力的人才，为该地区的口译服务作出了重要贡献。

除此之外，还有为数不少的国内大学翻译学院、翻译系、口译培训机构在培养具备双语或多语水平的学员的口译职业能力方面作出了努力。随着翻译学科的独立发展和教育机构的建立，中国在高级翻译人才培养方面取得了显著的进步。各个高级翻译学院的成立为中国政府、企事业单位以及国际组织提供了优秀的口译和笔译人才，为推动国内外交流和国际合作发挥了重要作用。

2. 中国口译教学模式演变

20 世纪 90 年代之前，国内口译教学模式存在一定的局限性。当时，国内口译教学模式以教师为主导，注重传授口译知识和进行操练，但教学方法相对机械，缺乏灵活性和实际情境的模拟。因此，它往往无法充分考虑口译的即时性、信息来源和传递渠道的多层次性以及口译语言的口语化等特点。这种传统的口译教学模式主要强调学生的技巧和练习，常常局限于由教师朗读材料、学生进行模仿和操练的情况，缺乏现实场景和真实语境。这种教学方式无法提供高度模拟的实际口译环境，对学生的真实语言应变能力和跨文化交际技巧的培养有一定的限制。

20 世纪 90 年代后期开始，特别是进入 21 世纪之后，口译教学经历了一系列的变革和创新。不同的口译教学模式和理念相继出现，为口译教学带来了前所未有的繁荣。其中，厦门大学口译训练模式以技巧训练为中心，注重培养学生的口译技能，同时辅助语言训练、知识习得和跨文化交际能力提升，这种模式通过系统的技巧训练和专业素养培养，帮助学生全面发展口译能力；广东外语外贸大学口译教学模式则通过多条主线的有机结合，包括对口译技能、口译专题、双语语言训练和口译实践等方面的培养，注重学生的实践能力和专业素养培养，这种综合性的模式使学生能够在不同领域和情境下灵活运用口译技巧和语言能力；微格口教子模式则以微格教学理论为基础，将口译教学过程细分为单一的口译技能，并逐项进行培训，这种模式注重细致精确的技能训练，帮助学生更好地掌握口译的各个方面；另外，还有"3P"口译教学模式[①]，将口译教学分为译前准备（Preparing）、现场口译（Performing）和译后评估（Packaging）三个阶段，这种模式强调在口译过程中的全面准备、即时应对和事后反思，有助于学生在整个口译过程中全面发展。

这些口译教学模式反映了以口译技能训练为核心的口译教学新理念。传统的口译教学主要关注口译的技巧和操练，但忽视了语言训练、知识习得和对跨文化交际能力的培养。然而，随着社会的发展和国际交流的增多，口译人才所需的能力也日益多元化和复杂化。新的口译教学理念将口译技能训练视为核心，强调学生在口译过程中的实际应用能力和技巧培养。同时，注重语言训练，提升学生的语言能力和表达能力，以更好地理解和传递信息。此外，知识习得也被看作重要的辅助因素，学生需要具备良好的专业知识背景，以便更好地理解和翻译不同领域的内容。跨文化交际能力的培养也成为口译教学的重要组成部分，学生需要了解不同文化间的差异并能够在跨文化环境中进行有效的沟通。这些口译教学模式的出现，意味着口译教育已经逐渐从传统的技巧培训转向更加综合和全面的能力培养。它们致力于培养具备较强口译技能的学生，同时注重学生的语言能力、知识储备和跨文化交际能力，以更好地适应复杂多变的口译市场需求。这些新的口译教学理念对于培养高素质的口译人才具有积极的意义。

---

① 刘建珠. 口译人才培养的"3P模式"研究[J]. 外语与外语教学，2012（4）：78-81.

三、口译研究发展阶段及特点

随着全球化的推进和国际交流的增加,口译的需求也日益增长。口译研究致力于提高口译的质量和效率,以满足多样化的语言交流需求。

(一)西方口译研究发展阶段及特点

西方口译研究的发展从20世纪50年代初期至今经历了四个不同阶段,每个阶段也有各自的特点,不断进步,为当今口译研究打下了坚实的理论与实践基础。

1. 西方口译研究发展的第一阶段及特点

西方口译研究发展的第一阶段为20世纪50年代至60年代初期,在这个阶段,口译研究主要依靠从事口译工作的译员们的个人经验总结。一批在日内瓦和布鲁塞尔等地从事口译工作和口译培训的专业人士开始对个人口译实践进行思考和总结,逐渐形成了一些带有个人经验色彩的初步认识。这些认识主要表现在对译员的职业道德与专业素养、口译困难与应对策略、目标语表达技巧、交传笔记原则、职业译员的工作语言、听说时差、术语对口译的影响、口译的类型等方面。译员们在实践中积累了丰富的口译经验,从中体会口译中遇到的问题和挑战,并尝试寻找解决方案。他们试图总结口译实践中的技巧、策略和成功经验,并将其应用于教学和培训中。这些个人经验的总结和归纳,为口译理论的初步形成奠定了基础。当时的口译研究主要集中在个人经验的分享和传授上,缺乏系统性的理论框架。尽管如此,这个阶段的口译研究开创了西方口译研究的先河,为后来的口译理论研究奠定了基础。[①]

在这个阶段出版了第一本口译专著——《口译须知》(The Interpreter's Handbook),其是由瑞士人让·艾赫贝尔(Jean Herbert)撰写的口译专著,于1956年首次出版。这本书基于作者本人的经验和总结,介绍了口译的技巧、策略和专业素养的培养。它涵盖了口译的各个方面,包括准备工作、注意力控制、语言处理和练习等。《口译须知》成为口译领域的经典之作,至今仍然被许多口译初学者推崇和阅读,为口译教学和实践提供了重要的参考和指导。四年后,艾赫贝尔在日内瓦口译学院的同事让·弗朗索瓦·罗赞(Jean-Francois Rozan)出版了《交替口译笔记》(Note-taking in Consecutive Interpreting),这本手册主要关注

---

① 张吉良. 从研究方法看20世纪50年代以来的国际口译研究[J]. 外语与外语教学, 2011(5): 63-68.

连续口译中的笔记技巧，介绍了如何有效地进行交替传译并记录相关信息。罗赞对连续口译中的笔记方法进行了深入研究，并提出了一些实用的技巧和指导原则。《交替口译笔记》对于当时口译教学的发展具有重要的借鉴意义，促进了口译教学的改革和创新。

第一阶段的口译著述相对较少，主要以口译实践者的个人经验和直觉为基础。这些著作通常具有零散性、局部性和感悟性的特点，缺乏对研究信度和效度的深入思考，研究方法也相对欠规范。尽管如此，这些早期口译著述仍然对口译教学和实践有着积极的推动作用。它们揭示了口译实践中的一些问题和挑战，并试图提供一些解决方案和指导原则。这些个人经验的总结为后来口译研究的发展奠定了基础，并为口译教育的改进提供了启示。随着口译研究的进一步发展，后续阶段的著述和研究更加注重科学性和系统性，为口译研究和教学的准确性和可靠性奠定了基础。

2. 西方口译研究发展的第二阶段及特点

西方口译研究发展的第二阶段具有实验方法和认知心理学的特点。在 20 世纪 60 年代至 70 年代初期，口译研究开始注重运用实验方法来研究口译现象，并探索运用认知心理学和心理语言学理论来解析口译问题。在这个阶段，一些认知心理学和心理语言学的学者开始关注口译这个特殊的语言处理任务，试图通过实验和数据分析来揭示口译的认知过程和机制。他们研究的焦点包括源语（被口译的语言）、噪音、语速、停顿、听说时间差等变量对口译的影响，并探索常用的对策和应对方式。举例来说，弗里达·戈德曼·艾斯勒（Frieda Goldman-Eisler）、大卫·杰弗（David Gerver）、安妮·特雷斯曼（Anne Treisman）等学者运用认知心理学和心理语言学的框架，对口译过程进行了实证研究。他们通过实验设计、数据收集和统计分析等方法，探究了口译过程中的信息加工、注意力分配、记忆和推理等认知活动的特点和规律。他们的研究有助于揭示口译的认知底层机制，加深对口译过程的理解，并为口译教学和实践提供了更科学的指导。这个阶段的口译研究强调在理论与实践之间建立联系，试图用科学的方法解决口译实践中遇到的问题，推动了口译研究的深化和发展。

弗里达·戈德曼·艾斯勒和大卫·杰弗在第二阶段的同声传译研究方面作出了重要贡献。弗里达·戈德曼·艾斯勒的研究主要关注同声传译中的即兴话语产出,特别是对停顿现象的研究。她通过观察和分析同声传译译员的口译表现,尤其是对停顿的研究,揭示了同声传译中的语言处理和决策过程,以及不同因素(如源语片段长度、复杂性等)对口译表现的影响。大卫·杰弗的研究侧重于同声传译中的噪声影响、输出速度和译员记忆表现。他进行了一系列实验,探讨了噪声对译员注意力、口译速度和记忆负荷的影响,并提出了同声传译信息处理的模型。该模型描述了在噪声环境下,译员如何解释和处理源语信息、选择适当的转换策略,并进行目标语口译输出的过程。

这一阶段的研究已经呈现出跨学科的倾向,然而当时研究重点"只在口译的认知和心智过程,还没有意识到口译效果在很大程度上并不仅仅取决于对讲话人单方面的话语意义和结构的理解和表达"[①]。这一阶段的口译研究往往在实验室环境中进行,与实际口译实践有一定的脱节。尽管这些研究采用了系统的理论和科学的方法,但它们在某种程度上缺乏对口译实践场景的真实性和综合性的考量。在这个阶段,研究者倾向于在受控的实验室环境中开展口译研究,以便更好地控制和观察变量,并收集客观的数据用于分析。这使得研究者可以深入探究特定问题,如停顿、噪声影响、记忆负荷等,从而获得更系统和准确的结果。然而,这种实验室环境的研究方法也存在一定的局限性。口译是一项复杂的交际活动,受到诸多因素的影响,如文化背景、社会背景、情境因素等。在实验室环境中,这些因素往往被削弱或忽略,导致研究结果的适用性和推广性受到限制。因此,尽管这一阶段的研究在理论指导和方法科学性方面有所进步,但与实际口译实践之间的联系相对较弱。

3. 西方口译研究发展的第三阶段及特点

第三阶段口译研究发展出现于20世纪70年代至80年代中期,主要特点是将口译实践与口译理论结合起来。由于第二阶段口译研究偏向实验室环境,与实际口译实践存在脱节,因此受到口译教师和实践者的质疑。在这一阶段,越来越多的口译实践者开始结合自身的口译实践经验,开展对口译现象的研究和分析,以探索口译活动的本质和实际运作方式。他们将实践经验与口译理论相结合,采用实地调查、跟踪研究、交互分析等方法,试图深入理解和描述口译的过程、策略和技巧。这一阶段的口译研究注重实践的参与性,更加关注口译现象的真实性

---

① 任文. 巴赫金对话理论视野下的口译研究 [J]. 译苑新谭, 2011 (1): 303-317.

和复杂性。研究者从一线口译实践者的视角出发，研究不同语言对不同主题领域的口译，考察口译中的交际、文化、专业知识等方面的问题。这种结合口译实践和口译理论的研究方式，使得口译研究更加贴合实际需求，研究结果更具有实用性和指导性。它为后续口译研究的深入发展奠定了基础，也为制定实际有效的口译培训和教学方法提供了重要的借鉴。

巴黎高等翻译学校的两位校长达妮卡·塞莱斯科维奇和玛丽亚娜·勒代雷（Marianne Lederer）创立的释意派理论是第三阶段口译研究中最具代表性的成果之一。释意派理论强调口译过程中的释意活动，关注口译者在传达源语信息时如何捕捉源语的含义，并将其重新表达在目标语中，以保证信息的准确传递。该理论认为，口译过程中的关键是理解源语信息的含义，并在目标语中找到最佳方式来表达这个含义，而不仅仅是简单的语言转换。根据释意派理论，口译者需要通过识别和分析源语的语义结构、意图、隐含信息和文化因素等来理解源语的意义，并根据这个意义进行合适的目标语表达。该理论强调因果关系、逻辑衔接和信息的精细管理，以确保传达过程中不破坏原始信息的真实性、连贯性和相应效果。释意派理论的提出为口译教学和研究带来了重要的启示。它强调了口译过程中的认知和理解的重要性，并提出了一种基于言语信息和情境的口译分析和训练方法。该理论在口译教学、翻译研究和实践中产生了广泛的影响，为后来的口译理论和实践提供了重要的参考。

在第三阶段的口译研究中，研究者们在口译现象的理论思考方面取得了进步，从早期的个人经验总结发展到在科学理论指导下对口译现象进行深入思考。这使得口译研究具有更高的科学性和系统性。然而，这一阶段的研究存在一些局限性。研究者主要采用直觉思辨法，通过个人经验和专业洞察力来探讨口译认知心理过程。他们没有采用严格的实验方法，从而导致他们的研究成果未能得到有效的验证。这意味着该阶段的口译研究成果虽然具有理论上的启示和指导意义，但缺乏实证数据的支持。由于口译是复杂的认知过程，受个人差异和译员特点的影响较大，因此直觉思辨法往往难以进行一致性的检验和复现。

4. 西方口译研究发展的第四阶段及特点

西方口译研究发展的第四阶段为 20 世纪 80 年代后期至今，呈现出跨学科研究和实证研究的特点。这一阶段的口译研究倡导结合其他学科的理论基础和研究方法，对口译进行多维度、多方位、多层次的实证研究。在这个时期，口译研究开始与认知心理学相结合，对口译认知和心理过程进行深入研究。通过使用实验、观察、眼动追踪等研究方法，揭示了口译认知的特点和机制，如注意力分配、记忆加工、决策制定、自动化过程等。这种认知心理学与口译理论结合的研究使研究者对口译过程和口译者的认知机制有了更深入的理解。此外，该阶段的口译研究还借鉴了语言学、社会学、文化研究、信息处理理论等多个学科的理论和方法。

其中，认知心理学与口译理论结合影响最为深远，成果也最为丰富。大卫·杰弗提出的同声传译信息处理模型（Information Processing Model of Simultaneous Interpreting）[1]是其中的重要成果之一。杰弗的信息处理模型关注的是口译过程中源语和目标语之间的信息传递和加工。他提出口译过程可以被看作一个信息处理系统，包括输入、处理和输出三个阶段。这个模型强调了源语语法结构对口译过程中的处理发挥着重要作用。根据该模型，源语的语法结构可以决定口译的难度，特别是在同声传译的实时环境下。复杂的语法结构、长句和嵌套结构都可能导致译员在信息加工和转化中遇到困难。通过深入研究语法结构对口译过程的影响，该模型提供了理论指导和认知机制来解释口译中出现的问题和挑战。同声传译信息处理模型为口译研究和实践提供了重要的启示。它为理解口译过程中的认知和加工机制提供了重要线索，并指导了对口译教学方法和评估标准的制定。同时，该模型也促进了后续相关研究的发展，为口译认知心理过程的理解提供了更全面和深入的视角。丹尼尔·吉尔（Daniel Gile）在1995年提出的认知负荷模型（The Effort Model）[2]对口译中译员有限的认知资源分配问题进行了科学的描述。该模型在口译研究领域产生了重要影响，并为解释译员的错误翻译和遗漏现象提供了合理的解释。认知负荷模型强调了在口译过程中，译员需要将有限的认知资源有效地分配到多个任务中。口译任务涉及诸多认知活动，如听取源语信息、加工理解、翻译转换、回顾检查等。译员需要在有限的时间内，同时处理多个任务，这就导致了认知负荷的存在。据吉尔的模型，译员的认知负荷由三个主要因素决定：任务难度、译员的认知资源和任务执行策略。任务难度越大，例如较长或复杂的句

---

[1] David G. A. Psychological Approach to Simultaneous Interpretation[J]. Meta: journal des traducteurs/Meta: Translators' Journal, 1975, 20（2）: 119-128.
[2] Gile D. Basic Concepts and Models for Interpreting and Translation Training[M]. Philadelphia, PA: John Benjamins Publishing Company, 1995.

子等，译员面临的认知负荷越大。译员的认知资源可以理解为译员的注意力、工作记忆、处理速度等，这些资源的限制也会影响认知负荷的分配。而任务执行策略则指译员在面对负荷时的应对方式，如建立意念缓存、使用语言模板等，可以对认知负荷进行调节。认知负荷模型揭示了口译过程中的认知资源分配问题，合理解释了译员在面对复杂任务时受到的限制和出现的错误翻译或者遗漏现象。该模型为口译教学、评估和实践提供了重要的指导。通过优化任务设计、提升译员的认知资源分配能力和培养良好的任务执行策略，可以减少认知负荷，提高口译的质量和效率。认知负荷模型是口译研究中的重要模型，为口译理论和实践的发展贡献了重要思想和启示。

弗兰科·法布洛（Franco Fabbro）和罗拉·格兰（Laura Gran）是口译神经生理学研究领域的代表人物。他们从神经生理学和神经语言学的角度探索口译的认知处理过程，特别关注译员的大脑侧化现象，并取得了重要的研究成果。除了神经生理学的研究方法，口译研究领域还采用了社会学的相关理论和研究方法。目前研究热点包括对话口译、社区口译、法律口译、医疗卫生口译等领域。其中，塞西莉亚·瓦登斯约（Cecilia Wadensjö）提出了以话语分析为基础的研究方法，用于对话互动口译的研究。综合利用这些方法和理论，可以更好地理解口译现象及其背后的认知和交际过程。

这一阶段的口译研究表现出了极强的跨学科研究特色，拓宽了口译研究视野，丰富了口译研究方法，极大地促进了对口译现象的深入研究。研究者们探索了口译中的语言现象、社会文化因素、专业知识要求、衔接策略等多个方面，丰富了口译研究的内容和深度。跨学科和实证研究的特点使得口译研究更加全面和深入，有助于提高口译理论和实践的质量。研究成果和研究方法的丰富性为口译培训、评估和质量管理等实践提供了更具体和有效的指导。这一阶段的研究对于促进口译教育和口译专业发展起到了重要的推动作用。

（二）中国口译研究发展阶段及特点

中国口译的研究发展则主要经历了两个阶段：第一阶段主要是借鉴西方口译理论与经验；第二阶段则是本土口译理论的奠定与不同口译模式的探索。

1. 中国口译研究发展的第一阶段及特点

中国口译研究的第一阶段可以追溯到20世纪50年代至80年代。在这个阶段，口译研究主要集中在对口译现象的泛论和经验性总结上，以及对西方口译理论的引介。目前可检索到的、最早的口译研究论文发表于《外语教学与研究》，题名为《口译工作及口译工作者的培养》[①]，重点介绍口译的基本工作程序和译员的素养培训。

20世纪80年代是中国口译研究发展的重要阶段。虽然在这个阶段，口译研究的方法论意识相对不足，更多依赖于经验性的特征，但同时也有一些积极的变化。在这个时期，口译研究开始在各类学术刊物上刊载以"初探""浅谈"为命题的论文，这是对口译现象进行观察和总结的一种尝试。同时，一些学者也开始翻译和介绍西方口译专著，这拓宽了中国口译研究的视野。这些西方口译专著的译介为口译研究的进一步发展奠定了初步的理论基础。通过学习借鉴西方口译研究的理论和经验，中国的口译研究者开始逐渐形成自己的理论框架和方法论，为口译研究的发展铺平了道路。这些努力为后续口译研究的发展提供了宝贵的经验与基础。

2. 中国口译研究发展的第二阶段及特点

20世纪90年代至今可以看作是中国口译研究的第二阶段。这一阶段的口译研究呈现出了三个显著的特点：一是口译研究在理论探索方面取得了一定的成果，研究者们开始探索不同的口译模式、口译过程中的认知和语言处理机制，以及口译质量评估等问题，一些理论模型和概念被提出，丰富了口译研究的理论框架；二是口译技能与口译教学研究更加系统化，研究者们对口译技能进行了深入的分析和研究，并探索了有效的口译教学方法和策略，这有助于提高口译教学的效果，并培养更优秀的口译人才；三是跨学科研究和实证性研究促进对口译现象的多层次、多角度理解，同时，实证性研究在口译领域得到了广泛应用，研究者们通过采用实地调查、语料库分析等方法，对口译现象进行了多层次、多角度的理解和解释。这些特点推动了口译研究的发展，丰富了口译理论和实践，并为口译教育和专业发展提供了有益的支持。

在口译理论探索方面，鲍刚出版了中国第一部口译理论专著——《口译理论概述》[②]，发表于1992年。这本书基于法国释意派理论框架，运用了心理学、心理

---

① 唐笙，周珏良. 口译工作及口译工作者的培养 [J]. 西方语文，1958（3）：321-327.
② 鲍刚. 口译理论概述 [M]. 北京：旅游教育出版社，1998.

语言学、神经学、信息理论、语言学等多个学科的研究成果，对口译活动中涉及的源语理解、思维过程、译语表达、口译的口语特点等一系列现象进行了探讨。在书中，鲍刚揭示了口译现象的内在机制，阐述了口译过程中的认知、语言处理和信息传递等关键要素。他提出了"触发状态理论"和"诱发式释意理论"等口译理论概念，并详细讨论了口译中的障碍因素、口译质量评估、口译改错等问题。这本专著对中国口译研究的发展起到了重要的推动作用，开创了口译理论研究领域的先例，并为后续的口译理论研究提供了有益的参考和借鉴。

刘宓庆的《口笔译理论研究》[①]在口译理论领域作出了重要的贡献。在这本书中，他运用了语言学、传播学和认知科学等多个学科的最新研究成果，对口译现象进行了深入的解释与探索。特别值得注意的是，刘宓庆在书中强调了口译的跨语言文化的社会传播功能。他认为口译不仅仅是简单的语言转换，更是一种跨语言和跨文化的传播行为。口译人员在进行口译活动时，需要在不同语言和文化之间扮演桥梁的角色，确保信息的准确传达和对文化的适应。刘宓庆还提出了口译的认知过程和交际理论，探讨了口译中的认知加工、信息压缩、信息传递等关键要素。他强调了口译的交际目标和交际效果，以及口译中的信息转换和文化转换等重要问题。这本书对口译理论的发展起到了积极的推动作用，提供了新的视角和理论框架，丰富了口译研究的内容和方法，对口译教学和口译实践都有着重要的指导意义。

此外，在这个阶段，除了本土口译理论的发展，中国的口译研究也继续译介和吸收了西方最新的口译理论。在这一过程中，法国释意派口译理论在中国译界得到了较为系统的译介和研究，成为对中国口译理论研究最具影响力的理论之一。法国释意派是一种重要的口译理论流派，其核心理念是以释意为中心，强调口译过程中的意义传递和信息表达。在中国，学者们通过对法国释意派理论的翻译和研究，推动了口译理论的发展，并运用释意派的理念和方法，来分析口译过程中出现的问题和挑战。通过引入法国释意派理论，中国的口译研究者们更加深入地探究了口译的语义转换、文化适应、译员角色和口译质量评估等重要议题。这些研究不仅丰富了口译理论的深度和广度，也对中国口译教育和实践产生了积极的影响。

---

① 刘宓庆. 口笔译理论研究 [M]. 北京：中国对外翻译出版公司，2004.

在口译技能研究方面，口译技能研究逐渐被口译能力研究所替代。口译能力研究更加关注口译的综合能力和认知能力，而不仅仅关注口译技巧和表达技巧。传统上，口译被视为一种纯粹的工匠技艺，强调译员在口译过程中的技巧和技术应用。然而，随着口译研究的深入和口译实践的变化，人们开始意识到，口译是一种复杂的认知活动，需要综合运用语言、文化、认知和交际等多个要素。口译能力研究主要关注口译人员在不同场景和任务中的能力表现，包括源语理解、信息加工、意义转换、译文生成和准确传达等方面。这种转变使得口译研究更注重口译过程中的认知加工和决策，以及译员个体的知识、技能和能力发展。

借用释意派理论的基本观点，对口译教学进行了拓展，在口译教学的理论框架和实践模式上进行探索，以适应新时期口译教学和口译职业培训的需求。传统的口译教学注重技巧和实践的培养，但随着口译需求的多样化和专业化的提升，仅仅关注技术层面已经难以满足实际需要。借用释意派理论，口译教学向更突出的口译能力和认知能力拓展，关注口译人员的意义传递和信息表达能力。在这种新的理论框架下，口译教学注重培养译员的跨文化意识、领域知识和认知加工能力。教学模式也更加注重培养学生的综合能力，例如源语分析、信息处理、策略运用和实践能力等。除了口译教学，口译职业培训也在借用释意派理论的基本观点进行探索。培训机构和企业逐渐重视培养口译人员的综合能力和专业素养，包括语言表达能力、专业知识、文化适应能力以及人际沟通和处理技巧等。这种拓展的口译教学和职业培训模式，有助于提高口译人员的综合素质和能力，使口译人员适应口译行业的快速发展和多元化需求；同时也对口译教育和培训机构提出了更高的要求，即需要更加系统和综合的教学资源和方法。

有学者们集中研究口译课程体系的构建，提出了对专业口译教学体系的建议，以更为全面地培养和提高口译学习者的口译技能和职业素养[①]。

这种专业口译教学体系通常包括以下三大板块课程。

（1）语言技能与语言知识课程：这些课程旨在帮助口译学习者提高听、说、读、写四项语言技能，加强对不同语言层面（如语音、语法、词汇等）的理解和掌握。同时，也注重培养学生对于不同语言的特点和应用场景的了解。

（2）百科知识课程：这些课程旨在拓展口译学习者的专业知识领域。口译

---

① 仲伟合. 译员的知识结构与口译课程设置[J]. 中国翻译，2003（4）：65-67.

涉及各个领域的内容，如经济、政治、科技、文化等，因此学习者需要具备广泛的百科知识作为支撑。这些课程可以帮助学生加深对不同领域的理解，增加在口译过程中的知识储备。

（3）口译技能课程：这些课程是口译学习者最关注的部分，涵盖口译的基本技能和策略。这包括口译的听力训练、信息处理、转换和表达等技巧的培养。随着学习的深入，学生还会学习到不同场景下的口译技巧和应对策略，并进行实践训练和反馈。

这三大板块课程的设计可以帮助口译学习者全面提升其口译能力和职业素养。通过语言技能与语言知识课程的学习，学生能够建立牢固的语言基础；通过百科知识课程的学习，学生能够深化对各个领域的了解；通过口译技能课程的学习，学生能够掌握口译的实践技能和应对策略。这样的课程体系有助于培养高水平的口译人才，满足不同领域的专业口译需求。

跨学科研究和实证性研究在口译领域中变得越来越受关注，其中认知心理学层面的口译研究是其中一个重要的方向。这种研究主要集中于探究口译过程中的认知心理过程，以揭示口译人员在不同环节中的信息处理和决策。在认知心理学层面的口译研究中，一些重点关注的领域包括以下几点。

（1）源语理解的心理过程：研究人员关注口译人员在听取源语信息时的认知加工过程。这涉及信息的接收、编码、解读以及意义的转换等一系列认知过程。研究人员希望通过探究这些心理过程，了解口译人员在认知上的特点和规律。

（2）口译短时记忆规律：在口译过程中，译员需要暂存和处理大量的信息。研究人员关注口译人员的短时记忆能力和信息加工能力。他们研究记忆容量、记忆延迟和信息储存等方面的特点，以更好地理解口译人员在信息处理过程中的认知机制。

（3）口译笔记认知基础：在口译过程中，许多口译人员会依赖笔记来辅助记忆和信息加工。研究人员关注口译笔记的使用方式、对口译过程的影响以及记忆和认知能力间的关系等。他们试图揭示口译笔记对于口译能力和表现的作用。

这些认知心理学层面的研究可以提供关于口译过程中认知加工和决策的具体信息，有助于深入理解口译的认知机制和口译人员的认知特点。这些研究结果也为口译教育和训练提供了科学依据和指导。

也有研究者从认知语言学的角度解析口译现象，重点关注口译过程中译员的心理活动、语境与话语的理解、知识的认知和推理、意义传递过程中人与人之间的交际性和最佳意义的选择等。[①]还有研究者从功能语言学角度探究口译中的语境与功能，研究特定社会环境对口译功能的影响。[②]

在口译过程中，交际是至关重要的。口译的目标是将信息有效地传递给目标听众，而这涉及译员与源语讲话者、听众和其他相关参与者之间的交际互动。因此，社会学理论被用来研究和理解这些交际特点。口译过程中存在着信息的传递、交流和共享。社会学理论可以揭示在不同场景下的交际动态，包括与讲话者的互动、听众的参与、情境的影响等。而不同文化之间的差异和认知模式的不同会对交际产生影响，社会学理论可以帮助解析不同文化间的交际现象，例如文化间的误解、价值观的差异等，帮助译员更好地理解和适应相应的交际环境。通过将社会学理论引入口译研究，可以更全面地了解口译中的交际特点和译员的交际能力，并为提升口译质量和培养专业口译人才提供有益的指导。

作为一种重要的实证性研究方法，口译语料库的建设和研究在口译领域逐渐崭露头角。口译语料库是指收集和整理口译过程中产生的口译数据，并对其进行分析和研究的资源库。口译语料库的建立可以为口译研究提供实证性的数据支持，有助于深入了解口译过程和现象。"PACCEL"是中国第一个学习者英汉、汉英口笔译语料库，由文秋芳和王金铨于2008年建立。这个语料库收集了来自中国大学生口译学习者的英汉汉英口译和笔译数据，涵盖了多个主题领域。该语料库的建立旨在提供一个资源平台，供研究者和教师使用，以深入了解学习者在语言转换和口译任务中的困难和表现。通过分析和研究这样的口译语料库，研究者可以了解学习者在口译中的语言转换、信息处理和策略应用等方面的特点和趋势。他们可以探索学习者在跨语言交际和意义传递中可能遇到的问题，并为口译教学和培训的设计提供实践性参考。口译语料库的建设和研究可以促进口译领域的科学发展和提高口译质量，为口译教育和实践提供更加准确和实践性的指导。随着口译研究的深入，口译语料库的建设和应用也将发挥越来越重要的作用。

---

① 莫爱屏. 交传与明示—推理交际——口译的理性思考[J]. 语言与翻译, 2003（2）：43-47.
② 李越然. 论口译的社会功能——口译理论基础初探[J]. 中国翻译, 1999（3）：8-12.

第二章　英汉口译基本原理

英汉口译要求口译员具有超强的语言运用能力、临危不乱的良好品质，能够顺畅地面对面直接与对方进行交流。本章主要介绍了英汉口译的基本原理，包括英汉口译过程、英汉口译特点、英汉口译类型、英汉口译标准和英汉口译人员应具备的素质五个方面。

第一节　英汉口译过程

口译是一种跨文化的语言交际活动，其中涉及使用不同语言和拥有不同文化背景的说话人和听话人之间的沟通，而译员则扮演了连接交际双方并使双方进行沟通的重要角色。口译的过程是一种紧张而复杂的思维过程。译员需要在瞬息之间对接收到的语言信息进行分析、理解、记忆和转换。他们需要迅速将原话转换为另一种语言，并准确、及时地表达出来，以达到交际的目的。这要求译员具备高度的专注力、分析思维和言语表达能力。同时，作为跨文化交际的媒介和桥梁，译员需要适应和理解不同文化之间的差异，以确保在口译过程中能够准确传达原话的意思，并在另一种语言和文化中保持相应的语义和语用。除了语言技能，口译员还需要具备一定的背景知识和文化素养，以更好地理解原话中的内涵和文化背景，从而进行更准确的表达和传达。

口译工作同其他事物一样，有其内在规律和运行程序。译员需要了解和掌握这些规律，并在实践中按照正确的程序进行操作，才能取得良好的口译效果。口译的程序可以分为听清、理解、记忆和表达四个环节，但这些环节是紧密衔接的，它们几乎是同步进行的，不可分割。对于中国译员来说，在英译汉和汉译英时，各个环节的难度和侧重点确实会有所不同。在英译汉过程中，听清环节可能会更具挑战，因为英语的语速和语调对于英语非母语人士来说可能较快且不易捕捉；理解环节也可能有一些困难，因为语言和文化差异可能导致某些表达方式在翻译过程中需要更深入的理解和解释；记忆环节对于以汉语作为母语的译员来说可能相对更容易，因为他们更熟悉和擅长汉语的表达方式；而表达环节则需要将所理解的内容准确、通顺地翻译成汉语，确保传达的准确性和流畅性。在汉译英过程中，听清环节可能相对容易，因为母语为汉语的译员可以更好地理解并捕捉到汉语的含义；理解环节可能需要更多的努力，因为将汉语文化和语言转化为英语的合适表达方式可能具有一定的挑战性；记忆环节对于英语非母语的译员来说可能会有一些压力，因为他们需要记忆并准确地表达汉语的含义；而表达环节则需要将汉语的意思准确地翻译成流畅的英语，确保传达清晰和采用符合英语习惯的表达方式。

下面分别讨论各个环节的特点和实际操作。

一、听清（Listening）

口译的运作程序通常是从语言信息的输入开始的。大部分情况下，译员通过听觉从说话人那里接收语言信息。因此，译员对于输入信息的理解和解读能力非常重要，它们构成了口译的第一道关口。在口译过程中，译员通过倾听来理解源语言（原始语言）中的信息。这需要他们具备良好的听力技巧和对语言的敏感度。译员需要迅速地将听到的语言转化为自己熟悉的目标语言（译文语言），并在脑海中进行语义理解和加工。在接收语言信息时，译员还需要处理语音的节奏、语调以及说话人的口音和语速等多种因素。他们需要在尽可能短的时间内对所听到的语言进行理解和分析，并准确、流畅地表达出目标语言。

对中国译员来说，在英译汉过程中，听力理解是一个特别重要的环节。由于英语并非母语，中国译员对英语的掌握程度可能相对较低，因此在听英语并理解其含义时会面临一定的挑战。英译汉时，若译员没有准确听清或理解说话人所讲的英语，将无法进行准确的汉语翻译。如果没有完全理解或出现错误，可能会导致无法准确或完整地传达说话人的原意，甚至会引发误解，导致双方交流失败或产生更严重的后果。因此，作为译员，需要具备敏锐的听觉能力，通过练习和经验培养出良好的语感。译员还需善于区分不同的语音、语调、词汇和句法，以更准确地理解和转达英语中的信息。这包括在接收语言信息时关注细节、捕捉重点，并将其快速转化为汉语表达，确保口译传达的准确性和流畅性。

一个优秀的译员不仅能听懂英美国家人士所讲的标准英语，还能理解以英语为母语的国家的人们所使用的各种不同的英语变体，比如爱尔兰英语、苏格兰英语、加拿大英语、澳大利亚英语、新西兰英语和南非英语等。同时，译员还应该具备听懂那些将英语作为第二语言或官方语言使用的人们所讲英语的能力，比如印度英语、新加坡英语、菲律宾英语、西非国家人讲的英语等。这些变体可能会包含特定的词汇、发音、语法结构和语言习惯，而译员需要具备强大的听力理解力来适应和理解这些不同的英语变体。此外，译员还必须能听懂把英语作为外语使用的国家的人讲的英语，与标准英语相比，他们的英语可能发音不准、用词不当，甚至还有语法错误。

　　随着我国实行全方位的对外开放政策，我们与全世界各国的交流和合作日益增多。在这个背景下，中国译员需要具备能够听懂不同国家和地区的英语的能力。尽管英语是全球使用最广泛的语言之一，但以英语为母语的国家相对较少。大多数国家将英语作为第二语言、官方语言或外语来使用。因此，这意味着译员需要适应不同地区和国家的人们所使用的英语变体。与使用英语作为母语的国家相比，使用英语作为第二语言或官方语言的国家和地区的语言特点可能更加多样化。这些地区的英语可能会具有独特的口音、语法结构、用词习惯等。中国译员需要努力训练自己的听力，以便更好地理解和适应这些不同地区的英语变体。

　　此外，与世界各国人民进行交流和合作时，除了听懂不同国家和地区的英语外，译员还需要了解相关国家的文化背景、礼仪和互动方式等。这有助于译员更好地理解和传达源语言中的内涵和含义，确保在跨文化交际中保持传达的准确性和适应性。不同国家的人们讲的英语确实有各自的特点，包括发音、词汇和语法等方面与标准英语有一定的差异。因此，译员在平时需要有意识地训练和培养自己适应不同英语变体的能力，包括语音、语调、词汇和句法等。努力提高英语听力理解能力对于提高口译质量非常重要。在汉译英时，情况略有不同。除了应对浓重的地方口音、方言土语、怪癖习语、俚语或专业术语外，对中国译员来说，理解汉语一般并不会成为问题。相比之下，更重要的是如何进行语码转换和英语表达。译员需要能够将汉语中的思维方式、表达习惯和文化内涵转化为准确、流畅的英语表达。因此，译员需要进行大量的语言训练和沉浸式的英语学习，以提高自己在汉译英方面的能力。

二、理解（Understanding）

译员对接收的语言信息进行理解是一个涉及多个层面的过程。说话人传递的信息由多种因素组成，包括语言的和非语言的因素。译员需要对这些因素进行分析、解意、综合等加工处理，以作出正确的判断和理解。语言因素包括词汇、语法、句子结构等。译员需要理解说话人使用的词汇的含义，抓住重要的词汇和短语，并在句子结构层面上理解句子的组织结构和逻辑。非语言因素包括语音、语调、手势、面部表情等。这些因素可以提供额外的信息，帮助译员更好地理解语言信息的含义和情感色彩。例如，说话人的语气和表情可以传达他们的态度和情绪，而手势和面部表情可以补充和强化语言信息。

综合以上因素，译员需要将各种语言和非语言因素进行综合分析，在正确的语境下理解和解释所接收的语言信息。这需要译员具备广泛的知识和跨文化的理解能力，并能够通过综合考虑和判断，准确地理解说话人所要传达的意思。

译员对接收信息的理解包括以下几个层面的内容。

（一）语言性的理解（Language Understanding）

语言是信息的主要载体，在口译过程中，译员的理解能力起着至关重要的作用。译员需要全面理解源语，包括说话人的语音、语调、语法、词汇、词义以及语篇等因素。

语音和语调是口语交际中重要的非语言因素，它们可以传递说话人的情感、意图和表达方式。译员需要对说话人的语音和语调进行准确理解，以捕捉到说话人所传达的信息和情感。在语法层面，译员需要理解句子的结构和语法规则，以确保准确地理解句子的意义。译员还需要注意词汇的用法和搭配，了解不同词汇的多义性和内涵，以避免产生误解。此外，译员还需要在语篇层面上进行理解，即理解句子之间的逻辑关系，把握上下文信息，确保整体语境的准确传达。在处理复杂的口译场景时，这种对语篇的理解更加重要，因为它涉及综合和准确地传递整个对话或演讲的意义。

因此，译员在理解口译过程中的语言层面上，必须具备扎实的语言知识和丰富的词汇量。这包括熟练掌握两种交际语中的常用语、成语、谚语、俗语等。此外，译员还应该善于捕捉"言外之音"和"话外之意"，在说话人的语气、语调、隐语和语境中体会其话语的真正含义。这需要译员具备敏锐的观察力和洞察力，能够通过细微的语言细节和非语言暗示来理解其意图和情感。译员在语言层面的理解能力在根本上取决于他们对参与交际的两种语言的掌握程度。译员应该精通最少两种语言，尤其是外语的水平应接近母语水平。只有掌握了语言的丰富词汇、语法结构和表达习惯，译员才能更准确地理解和传达语言信息，并确保其口译质量的准确性和流利性。这里可以举个例子："I guess I'll just do it myself."这个句子的字面意思是"我猜我就自己做吧"。然而，这句话除了字面意思之外，还有一种暗示或隐喻的言外之音。在这个例子中，除了字面意思之外，这句话的言外之意可以是表达一种不满、失望或者困惑的情感。可能是因为说话者已经尝试过别人的帮助，但没有得到预期的结果，所以决定自己去做。在翻译这个句子时，译员需要注意传达这种隐含的言外之意，以便读者能够体会到句子所隐含的情感或态度。因此，一个更准确的翻译可能是："我猜我只能自己做了。"这个译文传达了原句所隐含的一种不满、失望或困惑的情感。它更能使读者理解到作者的态度和情感，而不仅仅关注字面意思。这个译文保留了原句中愿意提供帮助的意思，但也通过选用不那么强烈的表达方式，传达了说话人可能并不完全自愿或者保持欣然的心态。

另外，语言性的理解与文化背景知识密切相关。不同语言的社会意识和文化内涵各不相同，如果缺乏对某种语言所属社会文化背景的了解，就很难准确理解和掌握这种语言，更不用说进行翻译了。因此，译员在口译过程中需要具备良好的双语文化修养。译员不仅要了解原语文化，即原始语言所属文化的背景和特点，还要熟悉自己本民族的文化。只有通过比较两种文化的差异和相似之处，译员才能找到相互"对应"的概念和词语，进行语义转换。译员对两种文化的了解程度越深入，就越能深刻理解说话人的原意。文化因素在口译中起着重要的作用，因为不同文化中的思维方式、价值观念、社会习俗等都会影响到语言的表达方式和意义。通过深入了解两种文化，译员可以更好地理解和传达口译中的语言信息。他们可以根据语境和文化背景来选择恰当的词语、短语和表达方式，以确保翻译的准确性和易于接受性。例如："I'll knock on wood for good luck."这句话在西方文化中是常见的表达方式，表示为了祈求好运或避免倒霉而故意敲击木头。在翻译这个句子时，译员需要考虑到不同文化间的差异，以确保译文能够传达原文所要表达的文化含义和情感。如果译员没有了解这个表达方式,他们可能会将其直译为:"我会为好运敲击木头。"这样的翻译对于目标文化的读者来说可能会感到困惑,因为他们可能没有这样的文化背景和习惯。在这种情况下,一个更合适的翻译应该是:"我会保佑自己好运。"这个翻译保留了原文表达的吉利和祈愿好运的意义,同时也考虑到了目标文化的理解和习俗。

(二)知识性的理解(Knowledge Understanding)

口译涉及的内容非常广泛,涵盖了各个领域的国际交流活动。无论是涉及政治外交、经济贸易、文化体育,还是参加各种专业性、学术性的会议和交流活动,译员都需要掌握相关领域的专业知识。译员如果具备相关方面的专业知识,就能够从专业的角度去分析和理解谈话内容。专业知识不仅可以帮助译员理解特定领域的术语和概念,还能让他们更好地把握谈话的背景和内容,确保口译的准确性和专业性。相反,如果译员缺乏相关领域的专业知识,即使他们的外语水平再高,也很难充分理解谈话的内容。缺乏领域知识会导致对特定概念、术语或行业常识的误解,从而影响口译质量。因此,知识与理解密切相关,译员的知识储备越丰富,对谈话的理解就越深刻,口译也就越顺利。

成功的译员应该是多面手,掌握丰富的基础知识。尽管译员不需要在所有领域都成为专家,但他们必须掌握基础的国际知识,并具备政治、经济、商贸、法律、人文、科技等领域的基本知识。译员应该了解源语国家的政治、经济、历史、地理、社会等基本概况,以及熟悉自己国家的国情。特别是要了解自己国家在重大国际问题上的立场、观点和态度,以便在口译中准确传达相关信息。在可能的情况下,译员应提前做好准备,尽量熟悉交际双方将要讨论的主题和可能涉及的知识范围。这将帮助译员更好地理解和传达口译内容,确保口译的准确性和专业性。在实际工作中,译员可能会碰到各种领域和专业的口译需求,因此拥有广泛的基础知识可以使译员更加灵活应对各种场景。这需要译员持续不断地学习和更新自己的知识储备,以保持与时俱进。比如:"新推出的 AR 技术将会改变教育行业。"当译员对科技领域的术语和概念不熟悉时,他们可能会对其中的关键词进行错误的翻译。如果译员不了解 AR 是增强现实(Augmented Reality)的缩写,他们会错误地将其翻译为其他类似的词语,导致句子失去原本的技术含义。"The newly launched AR technology will change the education industry."在这种情况下，译员如果将 AR 错误地译为"浏览器（Browser）"，而不是正确的"增强现实（Augmented Reality）"，将导致句子失去科技领域的专业性和准确性。

译员的知识获取主要依靠平时的坚持努力。自觉的译员应该善于抓住每一个实践机会，不断积累和扩充知识，丰富词汇，并持续提高口译水平。通过不断的学习和实践，译员可以提高自己的专业素养和语言能力。这可以包括阅读相关专业书籍和文章、参加培训课程、了解最新的行业发展、关注国内外重要事件等。此外，译员还可以利用各种资源，如互联网、学术文献、专业论坛等，拓宽知识面，并与其他专业人士进行交流和讨论。不仅如此，译员还可以通过主动参与口译实践，如参加会议、研讨会、专题讲座等，来提高口译技巧和应对能力。在实践中，译员可以将学到的知识应用到实际情境中，并通过反思和总结不断改进自己的表达和传达方式。

（三）逻辑性的理解（Logical Understanding）

译员在理解说话人的意思时，除了借助说话人发出的语言信息和对谈话主题的了解外，也可以通过对谈话内容的分析和逻辑推理来深入理解。在交际中，参与谈话的双方通常具有不同的身份、地位和角色，他们有着各自的思路、方式和目的。这些因素会影响他们在谈话中的表达方式、词语选择和意图。译员需要在理解说话人的原意时，考虑到这些因素，从说话人所处的角度和立场来进行解读。此外，谈话内容通常具有内在的逻辑和联系。译员可以通过分析谈话的逻辑关系、推理论证的思路和论点的支持来深入理解说话人的意图和推论。译员需要注意抓住论述的重点，关注上下文的关系，以及语义、语境的一致性和连贯性，以准确捕捉和传达说话人想要表达的含义。作为译员，要尽快搞清楚说话人的身份、地位、职业等情况，以及理解他们谈话的意图。这有助于译员抓住谈话的内在联系，通过对谈话内容的分析和逻辑推理，准确理解说话人话语的真正含义。这样，即使在偶尔未能完全听清说话人的谈话或在谈话内容上出现口误或颠倒的情况下，译员也能通过逻辑推导和上下文的线索，正确推断出说话人的原意，并准确口译出来。通过逻辑推理，译员能够跟上说话人的思路，理解他们所表达的内容。这种能力使译员能够更好地应对复杂的口译场景，确保口译的准确性和专业性。

以下的一个例句可以帮助说明逻辑的重要性：

原文:"如果你不及时交付工作,我们将无法按时完成项目。"

译文:"If you don't deliver the work on time, we will not be able to complete the project on time."

在这个例句中,逻辑性对于正确理解和翻译是至关重要的。如果译员没有理解句子中的逻辑关系,就会出现错误翻译:

错误译文:"If you deliver the work on time, we will not be able to complete the project on time."

这样的错误翻译完全颠倒了原文句子的意思。原文中的逻辑是,如果工作没能及时交付,那么项目就无法按时完成。然而,在错误的翻译中,这个逻辑被颠倒过来,变成了如果工作及时交付,项目就无法按时完成。

三、记忆(Memory)

在处理接收到的语言信息时,译员需要将获取的信息暂时存储在记忆中,以防在转换和表达时出现信息遗失或漏译、误译的问题。因此,译员需要拥有较强的记忆力。特别是在交替翻译中,记忆力尤为重要。在交替翻译过程中,说话人通常会连续地讲2到3分钟甚至更长时间,译员需要将其所有的信息暂存在记忆中,并在合适的时机将其转换和表达出来。这要求译员在听取语言信息的同时,准确记忆和管理相关内容。译员在翻译过程中必须尊重说话人的原意,不能随意增减内容,更不能违背说话人的原意或进行编造。译员的责任是忠实、完整、及时地传达说话人的原意。准确的记忆和表达能力是实现这一目标的关键。

在口译过程中,记忆和理解是紧密相连、相辅相成的。译员必须最大限度地调动自己的记忆力,在理解的瞬间将谈话的意思记下来,并选择恰当的措辞和句子来表达。记忆和理解紧密相连。通过理解谈话内容,译员能够更容易地进行记忆;而记忆又可以帮助译员更好地理解和表达。因此,记忆和理解在口译过程中是相互促进的。

实际上,在口译过程中,译员通常是边听、边记、边理解。他们需要快速地将听到的内容记录下来,并进行初步的理解。记笔记是一项专门的口译技巧。适当地记录关键信息、重点词汇、概括和提纲等,可以为译员在记忆和表达信息时提供有效的参考。记笔记可以帮助译员更好地组织思维、抓住核心内容,以确保在表达时能够准确地传达原意。在记笔记时，译员需要灵活应用各种记号、缩写、符号等，以提高效率和准确性。同时，译员还需要在笔记和理解之间保持平衡，确保记笔记不会影响他们对语言信息的理解和把握。

四、表达（Expression）

在口译过程中，表达是在充分理解原话的基础上，用译入语来表达说话人原意的过程。听清、理解、记忆的最终目的是能够准确地进行表达。表达的过程中，译员需要对已经理解的信息和概念进行语码转换、重新编码、综合概括，并选择恰当的词语和表达方式，以便能够及时准确地将原意译出。通过语码转换，译员将原话中的语言编码转换为译入语的编码，将说话人所表达的意思转化为另一种语言的方式来表达。这要求译员具备对两种语言的广泛知识和熟练运用能力。在重新编码和综合概括的过程中，译员需要将听到的原话中的信息进行整合和抽象，抓住核心内容，并根据所处理的场景和听众的需求进行调整。这要求译员具备较强的分析思维和归纳总结能力。选择恰当的词语和表达方式是非常重要的。译员需要根据说话人的风格、内容和目的来选择适合的词汇和表达方式，以确保能够准确传达原意，并在译入语中保持与原话相应的语义和语用。

在口译过程中，译员在表达时需要注意几个关键要求，包括发音清晰、语调准确、措辞得当、语句通顺和自然流畅。这些要求不仅是表达的基本要求，也是口译质量好坏的重要标志。

第一，发音清晰是确保被听众准确理解的基础。译员需要注意正确发音，并避免模糊或含糊不清的发音。清晰的发音能够使听众更容易理解译员所表达的信息。

第二，语调的准确运用是传达语气和情感的重要手段。译员需要注意适当调整语调，以准确传达说话人的意图和情感色彩。恰当的语调可以帮助增强表达的效果，并让听众更好地理解译员所传达的信息。

第三，措辞的得当是指选择合适的词汇和表达方式。译员需要根据说话人的风格和特点，选择与原话相应的词汇，并注意避免使用不准确或不恰当的表达。准确而得体的措辞可以更好地准确传达原意，并保持说话人的风格和特点。

第四，语句通顺和自然流畅使得表达更易于理解和接受。译员需要注意语法和句子结构的正确性，避免出现累赘和复杂的句子结构。流畅的表达使听众更容易理解和跟随译员所传达的信息。

通过满足这些基本要求，成功的表达既能完整、准确、流利地传达说话人的信息，又能保持说话人的风格和特点。优秀的口译可以使双方在交谈中感觉无语言障碍，就像在直接交谈一样，达到真正的互动和沟通。

在一些国际会议上，优秀的口译员能够通过自己的表达方式和传情达意的能力吸引和打动听众。这种效果取决于译员的语言功底和演讲才能。作为口译员，不仅需要具备纯正的母语和熟练的外语，还需要具备一定的演讲技巧。口齿伶俐、声音洪亮、音色优美以及节奏适宜，都是表达过程中的重要因素。译员需要训练自己的口语表达能力，以确保清晰而连贯的表达。此外，选择恰当的词汇和造句方式也很关键。译员需要具备一定的功力，能够在短时间内快速选择恰当的词语和句子结构，以准确地传达原意。这要求译员具备广泛的词汇量和灵活的语言运用能力。优秀的口译员能够通过自己的语言功底和演讲才能，将原话中的激情和表达效果完美地转达给听众。他们能够用自己独特的方式抓住听众的注意力，使其感受到原话的力量和情感。

第二节　英汉口译特点

之所以说口译是一种复杂的口头活动，是因为它涉及除语言文化知识本身之外的很多言外因素，这些都是由口译特殊的工作性质所决定的。

一、现场性（On-site）

口译活动往往发生在原文发出者和译文产出者在同一时间点（或时间间隔很短）和地点的情况下。这种现场的工作环境会带来较大的压力和紧张感，可能对口译员的表现产生影响。口译员需要在极短的时间内准确而流利地传译原文的信息，这要求他们有非常高的执行能力和应变能力。由于时间的限制，口译员可能没有足够的时间来推敲或纠正译文，必须凭借瞬间的反应和判断能力进行翻译。这种工作压力和时间紧迫感可能会对口译员的思考和表达速度产生影响，导致一些不必要的错误或不够准确的表达。此外，紧张的工作氛围和心理压力会对口译员的自信心和集中力产生影响。他们可能处于高度警觉状态，担心翻译错误或出现沟通障碍，这可能对他们的工作效果和正常发挥产生负面影响。

为了应对这些挑战，口译员可以通过专业的训练和实践来提高自己的应变能力和心理适应能力。他们可以学习和应用一些应对压力的技巧，如深呼吸、保持冷静和专注、合理调整自己的节奏和思维方式等。此外，对于口译员来说，积累丰富的专业知识和经验也很重要，这有助于他们更快速和准确地理解和传达原文的信息。

二、及时性（Timeliness）

口译的及时性要求译员在短时间内进行翻译，并且往往没有时间去查阅工具书或参考资料。译员需要独立地面对所接收到的信息，迅速采取应对策略，解决口译过程中遇到的任何障碍。

在口译过程中，译员接收原文信息的机会通常只有一次。因此，他们需要高度集中注意力和运用快速反应能力，准确地捕捉和理解讲话者所传达的信息。译员需要快速分析和处理语言、文化和专业领域之间的差异和难点，以获得准确的翻译。然而，如果在口译过程中存在疑问或者面临不确定的情况，译员有时可以向说话者再次确认以确保翻译的准确性。这种再次确认的机会可能并不频繁，而且需要灵活运用，以免影响整个口译流程的顺畅进行。

口译的及时性和瞬时性要求译员具备高超的听力、理解、记忆和表达能力，并在面对任何困难和挑战时迅速找到解决方案。这也是口译人员需要不断提升自身技巧、扩充知识面和锻炼应变能力的原因之一。

三、不可逆性（Irreversibility）

口译的现场性决定了口译的不可逆性。口译的特点是，一旦译文产生，几乎无法进行修改或改进。因为口译活动发生在原文发出者、译文产出者和接收者都处于同一时间和地点的现场，所以译文一旦产生，就会立即被接收。这就要求口译员在翻译过程中保持高度的专注和准确性，以尽可能地避免出现错误或不准确的翻译。例如，在全国政协十二届三次会议举行的某场发布会上，发言人在回应反腐问题时用到了网络热词"大家都很任性"。关于"任性"一词的翻译，虽然事后很多专业人士认为译文"capricious"并不贴切，但不管这个翻译成功与否，口译员也不能再对其做任何修改。

由于口译的不可逆性，口译员在工作中需要严格把控信息的准确性和适切性。任何翻译误差或不准确性都会立即传达给听众，给沟通和理解带来困扰，甚至可能导致误解或产生严重后果。因此，口译员在口译过程中需要保持高度的专业责任感和精确度，确保信息准确地传达给接收者。

四、不可预测性（Unpredictability）

口译员，尤其是职业口译员，他们口译的内容包罗万象、繁杂无限，涉及各个方面、各个领域。有可能是医学、计算机、建筑学，也有可能是文学、饮食文化、商贸谈判、法律条例等。又因为口译的内容不是静态的文字，而是由说话者现场口头表达出来的，因此除了内容的不可预测性之外，口译工作的对象也具有不可预测性。他们可能来自各个阶层、各行各业；他们的语音特点各有不同；他们或表达流利，或语速较快，或带有浓重的口音，或说话逻辑不清；他们的教育背景也不同；他们有的可能较多使用专业词汇，有的喜欢使用习语俚语，等等。虽然在某些口译场所，口译员可以事先得知任务的主题或大致方向，但具体的口译内容主观性依然很强，往往难以预测。

以广交会为例，在口译工作开始之前，其口译员可能会得知其所服务的参展商的业务范围或者获得该展商的相关资料，从而可以进行相应的准备工作。例如，了解相关的背景知识、专业知识及查阅并记诵相关的专业词汇。但即便如此，在实际的口译过程中，还是会出现很多"意外情况"。来参观并咨询的客户可能会提出各种各样的问题，所涉及的专业问题有时会超出口译员长时记忆的知识储备范围，这些都造成了口译内容的不可预测性。

有些口译场合，如记者招待会，口译的主题更是千变万化。再者，个体说话的风格和习惯不尽相同，这也为口译工作者带来了很大的不确定因素，增加了从业难度。例如，我国领导人在会议讲话或回答中外记者提问时偶尔喜欢引用诗词歌赋。由于中英在语言和文化上的巨大差异，诗词翻译原本难度就大，而口译员要在现场极短的时间内口译出来，更是难上加难。这些对译员的语言文化知识和即席应变能力提出了更高的要求。

第三节　英汉口译类型

口译类型的划分有三种不同的方法,即"形式分类法""方向分类法"和"任务分类法"。

一、按其操作形式分类

按照操作形式,可以将口译分为交替口译、接续口译、同声传译、耳语口译、视阅口译。

(一)交替口译(Alternating Interpreting)

交替口译是指译员在口译过程中同时使用两种语言为交际双方进行交替式口译。这种口译方式可以用于交际一方连续讲话的情况,也可以用于交际双方进行连续交替的对话。

在交替口译中,译员会在源语言发言结束后,迅速转化为目标语言,并将信息传达给听众。随后,译员会等待目标语言发言结束后,再将其转化为源语言传达给源语言使用者。这样的轮回交替过程持续进行,以确保交际双方能够理解和流畅沟通。交替口译常被应用于会议、座谈会、谈判、法庭审讯等场合,为交际双方提供实时的语言沟通服务。因此,交替口译也被称为连续口译或即席口译。译员需要具备高超的语言能力和听辨能力,能够迅速准确地将语言进行转化和传达,在实际操作中,译员还需要在同时听辨和翻译的过程中,注意维持对话的流畅性和质量。通过专业的训练和不断的实践,译员可以提高交替口译的能力,为交际双方提供高质量的语言中介服务。

交替口译的应用场合非常广泛。无论是一般的非事务性交谈,还是正式的政府首脑会谈,甚至是记者招待会,交替口译都可以发挥重要作用。比如日常接见、宴请、会晤、谈判、演讲、旅游观光等活动,这些场合都需要译员在交谈双方或多方之间进行频繁的语言转换和信息传递。在这种交谈式的传译中,译员需要不停地转换语码,以确保信息的准确传递。译员需要迅速捕捉到交谈双方的发言信息,包括简短的语段和要点,并将其转化为另一种语言传达给对方。他们需要在双方之间进行频繁的来回穿梭，以确保语言的流畅性和信息的准确性。这种情境下的交替口译对译员的技巧和能力提出了更高的要求。译员需要具备出色的语言转换能力、高度的注意力和集中力，以及极快的反应速度。他们需要在紧张的环境中保持冷静和专注，以确保高质量的口译服务。

（二）接续口译（Consecutive Interpreting）

接续口译是一种单向口译方式，用于为演讲者以句子或段落为单位传递信息。这种口译方式常见于演讲、祝词、授课、高级会议、新闻发布会等场合。演讲者往往需要完整地表达信息，因此他们通常会进行连贯的发言。

在接续口译中，译员会在演讲者自然停顿的间隙，以一段接一段的方式将信息传译给听众。译员需要快速而准确地理解演讲者的意思，并将其转化为目标语言的句子或段落。在演讲者发言时，译员需要倾听并分析每个句子或段落的核心内容，并在适当的时机进行口译。

这种口译方式要求译员具备高超的听力技巧和语言转换能力。他们需要能够迅速理解并转换句子或段落的意义，同时保持信息的准确性和连贯性。在进行接续口译时，译员还需要注意控制语速和节奏，以使口译结果与演讲者的发言保持一致。

接续口译对于译员来说是一种挑战，需要他们具备专业的训练和丰富的实践经验。通过不断的练习和提升，译员可以提高自己在接续口译中的表现，为听众提供流畅、准确的口译服务。

（三）同声传译（Simultaneous Interpreting）

同声传译，又称同步口译，是译员在不打断讲话者演讲的情况下，不停顿地将其讲话内容传译给听众的一种口译方式。因为译员的口译与讲话者的发言几乎同步进行，所以这种口译也被称之为同步口译。同声传译的最大优点在于效率高，可以保证讲话者能够连贯发言，不影响或中断讲话者的思路，有利于听众对发言全文的通篇理解。同声传译被认为是最有效率的口译形式，主要用于各种国际会议和重要国际学术会议的翻译，是国际会议通常所采用的基本的口译手段，因此，也叫会议口译（Conference Interpreting）。目前，世界上百分之八九十的国际会议都使用同声传译。这种口译需要一定的设备，通常是发言人对着一个与传译室相连接的话筒讲话，译员在传译室里对着第二个话筒，把听到的讲话译成另一种语言，与会者通过耳机接收到译入语。如果听众是讲多种语言的，为使大家都跟上会议的进程，需要为每种语言各配备一名译员，增加传译室的传送线路，并在每个听众座位上都安装上相应的、可以选择不同语言的装置。

（四）耳语口译（Whispered Interpreting）

耳语口译顾名思义是一种以轻声耳语的方式进行的口译，将一方的讲话内容传译给另一方。与同声传译类似，耳语口译也是一种不停顿的连贯性口译活动。

不同之处在于，同声传译通常用于大型会议等群体活动，参与听众较多，而耳语口译通常是针对个人的口译需求。耳语口译的听众往往是接见外宾、参加会谈的国家元首或高级政府官员等。这种口译方式的优势在于保持了对话的私密性和真实性，能够实时传递信息，使参与者能够更直接地理解和沟通。

（五）视阅口译（Sight Interpreting）

视阅口译通常被称为"视译"，是译员通过阅读事先准备好的原文讲稿或文件，将其用另一种语言连续地口头传译给听众的口译方式。

视阅口译的特点是，译员在口译前可以提前几分钟甚至更长时间收到讲稿或文件，因此他们有机会快速浏览一遍原文，并做一些必要的文字准备。这有助于他们更好地掌握原文的内容和结构，以便在口译过程中更流畅地传达。

与同声传译和耳语口译一样，视阅口译也属于连贯性的口译活动，要求译员能够在不间断的情况下进行口译。译员需要具备高度的专业素养和语言表达能力，能够迅速准确地将原文信息转化为目标语言，同时保持流畅和连贯。

二、按传译方向分类

按照传译的方向，可以将口译分为以下几类。

（一）单向口译（One-way Interpreting）

单向口译是指译员将一种语言的口语表达转化为另一种语言的口语表达，主要用于单向的信息传递。在单向口译中，只有一个发言者需要被翻译，而听众只需要理解译文，无须回应。

单向口译常见的应用场合包括演讲、会议、研讨会、座谈会、工作坊等。在这些场合，译员会将发言者的讲话内容实时转换为另一种语言，并传达给听众。译员需要在听取发言者的讲话后，快速准确地将其转化为目标语言，并通过口语方式传递给听众。这种口译形式可以帮助语言不通的人互相理解和沟通。

在单向口译中，译员需要具备优秀的听辨能力、语言转换能力以及口语表达能力。他们需要迅速理解发言者的意思，同时能够准确地选择合适的词语、句子结构和语调来进行口译。此外，译员还需要具备良好的口语表达技巧，使得译文流畅自然，能够有效地传递发言者的意图和信息。

在实践中，单向口译可能需要译员进行辅助准备工作，如提前获取演讲稿或会议材料，对内容进行预习和背景了解，以更好地进行口译。译员还需要注意控制好语速、语调和节奏，以确保口译的质量和准确性。

（二）双向口译（Two-way Interpreting）

双向口译是指译员在口译过程中同时使用两种不同的语言进行交替口译。这两种语言既是原语（源语言），又是目标语。译员需要在感知（听辨）、解码、编码和表达的过程中，熟练而迅速地转换语言。在双向口译中，译员需要能够准确理解源语言的意思，并将其转化为目标语言。随后，译员需要迅速将目标语言的信息理解并转化为源语言，传达给听众。这个过程不断地进行，以实现交际双方之间的有效沟通。双向口译常见于会议、座谈会、谈判等需要双方持续交流的场合。译员在进行双向口译时，需要具备高超的语言转换能力和口语表达能力。他们需要快速准确地转换双语之间的语言，以确保信息的准确传递和流畅沟通。此外，译员还需要具备较强的应变能力和决策能力，能够在复杂的口译环境中作出合适的判断和选择。双向口译是一项高难度的任务，要求译员具备丰富的经验和专业训练。通过不断的练习和提升，译员可以不断优化自己在双向口译中的表现，为交流双方提供准确、流畅的语言中介服务。

在口译形式中，交替口译自然属于双向口译的范畴；接续口译因场合不同可以表现为单向口译，也可以是双向口译；同声传译、耳语口译和视阅口译这三种形式通常表现为单向口译。

三、按操作内容分类

按照操作内容,可以将口译分为导游口译、礼仪口译、宣传口译、会议口译、谈判口译。

(一)导游口译(Guide Interpreting)

导游口译是指在旅游活动中,译员充当导游的角色,为游客提供语言中介服务。导游口译的主要任务是将导游的讲解内容转换为游客能够理解的另一种语言。导游口译的工作范围包括接待、陪同、参观、游览、购物等活动。在导游口译中,译员需要准确理解导游的讲解内容,并将其转化为游客的目标语言。他们需要将景点的历史、文化、背景等相关信息传达给游客,解答他们的问题,并提供必要的语言支持。导游口译通常发生在旅游景点、博物馆、历史遗址等地方。

人们物质生活水平的提高、国家综合实力的增强,为人们提供了大量的时间保证,如我国的"五一""十一""春节"等假日,大中小学生的寒暑假、双休日等。中老年人还可以利用淡季或错开以上较为集中的时间外出旅游。而且地域也在不断地向外扩张,普通百姓的出国游呈上升趋势。与此同时,大量的外国游客也来到中国,一睹中华锦绣河山、古老文化的遗址,感受和体验古老的东方大国所特有的风情风貌。这些旅游形势的发展势头,使得对具有良好外语能力的导游需求与日俱增。对导游口译人员的要求体现在他们的专业知识面的广与博上。一个景点会涉及某个历史时代的人物、社会背景、历史文物等,还会代表当时的建筑水平与风格,往返的途中还会路过或专门去游览某些自然风景等。作为口译导游要了解与掌握这些相关方面的词汇和某些特殊的表达法,因此,做好口译导游并非易事。从大的方面讲,导游口译员是一个国家的镜子、是一扇向外开启的窗口,代表着国家的形象,同时也是把外国的风情风貌、历史文化、人文景观等介绍给国人的中介与桥梁;从小的范围讲,导游口译员的工作需要不断地提高个人素养,做好、做精本职工作,这是无止境的。不过导游口译员的工作性质决定了其按照地域范围划分有全程式导游、分段式导游、专线专项目导游等类型,这为导游口译员限制了一定的范围,使之能够专心提高业务水平。在接待游客的过程中,导游口译者要注意客人是否被自己的热情服务及详细的介绍所打动,相处得是否融洽,彼此之间存在的道德观、价值观、审美观等方面的差异能否通过沟通得到缩小以至消除等，这些都是非常重要的。对中译英的导游口译员来讲，他（她）们面对的是一些对中国非常陌生，却又非常想了解中国的游客，在翻译时遇到的最大问题是如何把中国特有的山川大河、历史古迹、美味佳肴的名称等准确翻译，尽所能把它们所蕴含的精髓传递出来，使游客能够理解与接受，并从中得到享受与快乐。

（二）礼仪口译（Etiquette Interpreting）

礼仪口译是指在国际交流、商务会议、外事活动等场合中，译员在进行口译的同时还兼顾礼仪方面的表达和行为准则。这种口译需要译员具备专业的口译技巧，同时能够遵循和适应不同文化背景的礼仪要求。

在礼仪口译中，译员需要具备以下几个方面的能力。

1. 文化背景了解

译员需要了解并尊重参与者的文化和礼仪习惯，避免因文化差异引起的误解或冲突。他们需要有足够的文化敏感度，能够在适当的时候进行文化解释。

2. 行为规范

译员需要遵循专业的礼仪和行为准则，在交流中保持专业、谦逊和自信。他们应以礼貌待人，遵守会议的规定和规则，并尽力维护会议的秩序。

3. 适应能力

礼仪口译可能面临各种不同的场合和活动，译员需要快速适应并调整自己的表达和行为风格，以满足不同环境下的要求。

在礼仪口译中，译员的任务是在确保口译准确性的基础上，促进跨文化交流和沟通的顺利进行。他们需要通过适当的语言转换和文化适应，帮助参与者理解彼此的意图和观点，促进合作和交流。

（三）宣传口译（Propaganda Interpreting）

宣传口译是指在宣传活动中进行口译，将宣传内容转化为另一种语言，以便更广泛地传播和推广信息。宣传口译旨在通过口译服务跨越语言障碍，使目标受众能够理解和接受宣传内容。宣传口译的工作范围包括国情介绍、政策宣传、机构介绍、广告宣传、促销展销、授课讲座、文化交流等活动。

在宣传口译中，译员需要具备以下几个方面的能力。

1. 语言能力

译员需要精通原语言和目标语言，准确理解宣传内容，并能够以清晰、流畅的方式将其转化为目标语言，确保口译的准确性和自然度。

2. 文化适应能力

译员需要了解和适应相关文化差异，将宣传信息调整为适合目标文化背景的表达方式。这样做可以确保宣传内容更好地融入目标受众的文化环境，增加信息的接受度。

3. 创意和表达能力

宣传口译可能需要译员在口译过程中进行必要的创意和适应，以更好地传达宣传内容的核心信息和情感共鸣。译员需要有良好的口语表达能力和沟通技巧，以使口译更具吸引力和影响力。

4. 形象代表能力

译员在宣传活动中扮演形象代表的角色，需要在行为和言辞中展现专业、自信和积极的形象。他们应尽力传递正面的宣传信息，提升品牌形象和声誉。

宣传口译的目标是通过有效的语言传播，推动宣传活动的成功和取得良好的效果。译员的任务是为宣传内容提供准确、充满魅力和引人入胜的口译服务，以吸引和影响目标受众，提高宣传的可见度和影响力。

（四）会议口译（Conference Interpreting）

会议口译是指在会议或商务谈判等场合中进行口译，将与会者的发言内容准确地转化为另一种语言，以实现跨语言的有效沟通。会议口译的工作范围包括国际会议、记者招待会、商务会议、学术研讨会等活动。

在会议口译中，译员需要具备以下几个关键能力。

1. 耳聪目明

在会议现场，译员需要实时听取和理解与会者的讲话内容，捕捉关键信息，并快速记忆和转化为目标语言，以确保准确的传递和及时的口译反应。他们需要具备良好的听觉和集中注意力的能力。

2. 快速反应

会议口译需要译员快速反应和应对突发情况。他们可能需要解决技术问题、处理背景噪声、调整语速等。灵活的应变能力和紧张局势下的冷静头脑对于成功的会议口译至关重要。

3. 专业知识

译员需要具备相关领域的专业知识,尤其是在某些特定行业或领域的会议中。这样可以更好地理解与会者的讲话,并提供精确的专业术语转换,确保口译的准确性和专业性。

4. 中立性和保密性

译员在会议中必须保持中立和保密。他们不应将个人观点或偏见引入口译中,只需忠实地传达与会者的讲话。此外,译员还需遵守相关的保密要求,对会议中的内容进行保密。

会议口译的目标是促进不同语言和文化背景的与会者之间的交流和理解。译员的任务是在确保信息准确性和专业性的基础上,实现有效的语言中介,帮助会议顺利进行并促进合作和决策的达成。会议口译对译员要求极高,需要他们具备优秀的语言能力、反应速度、专业知识和中立性,以提供高质量的口译服务,确保会议的顺利进行和有效的跨文化交流。

(五)谈判口译(Negotiation Interpreting)

谈判口译是指在商务谈判或国际谈判等场合中进行的口译工作,旨在协助谈判参与者之间跨越语言障碍,准确传达双方的意图和观点。

在谈判口译中,译员需要具备以下几个重要能力。

1. 谈判技巧

译员需要了解谈判的基本原则和技巧,以便更好地理解和传达谈判参与者之间的意图和观点。他们需要具备良好的沟通和表达能力,能够在口译中恰当地运用谈判技巧,帮助双方有效交流和达成共识。

2. 压力处理能力

谈判可能会面临紧张和压力的情况。译员需要在高度紧张的环境中保持冷静和专业,并能够应对突发情况和压力,确保口译质量和谈判进程的顺利进行。

谈判口译的目标是在确保准确传达双方意图的基础上,促进双方之间的互动和理解,达成共赢的谈判结果。

综上所述,谈判口译对译员的要求很高,需要他们具备优秀的语言能力、谈判技巧、文化适应能力和中立性,以提供高质量的口译服务,帮助谈判参与者跨越语言障碍，实现有效的沟通和谈判目标。

上述分类旨在说明口译活动的几种不同类型，而在口译的实际工作中，界限分明的口译类别划分往往是不可能的，也是不必要的。因为许多场合的口译不是单一性的，而是混合性的，所以一名优秀的译员应该是兼容性强的通用性译员，是能胜任各种类型口译工作的多面手。

第四节 英汉口译标准

关于翻译的标准，西方翻译理论家提出了"等效""等值"的原则，我国翻译家严复提出了"信、达、雅"（Faithfulness, Expressiveness and Elegance）的衡量标准。尽管翻译界对"信、达、雅"的解释各有不同，但是大部分学者对这些标准所持的态度是肯定的。翻译要做到"信、达、雅"固然不错，问题在于翻译不是照相业的复制行当，难以做到"信、达、雅"三全。基于不同文化的各族语言在翻译过程中难以保持原汁原味、原形原貌，因而"信、达、雅"只能是相对的。有时"信"虽然达标，而"达"和"雅"却有所不达，有所不雅。于是便出现了"信、达、雅"三标准之主从关系的争论。虽然翻译界对此有不同的解释，但多年来"信、达、雅"的原则一直是衡量笔译质量的标准，也是我国广大翻译工作者从事笔译所遵循的基本原则。其实"信、达、雅"的原则也适用于口译，口译套用笔译的"信、达、雅"三原则是恰当的。口译不同于笔译，口译受工作条件和客观环境的限制，口译的"现时""现场""限时"的特点决定了口译的标准有别于笔译的标准，使得"信、达、雅"的侧重点有所不同。口译的性质和特点决定了口译的标准应为"准确、流利、易懂"。

一、准确（Accuracy）

口译必须准确。口译的目标是将源语言的信息准确地传达给目标语言的听众，因此译员需要全面理解原文，并将其准确无误地表达出来。任何形式的错误译解，无论是误译、胡译还是篡译，都是不能被接受的。准确是口译的灵魂。

在口译中，"信"代表了译员忠实传达说话人原意的能力，也就是口译的信度。为了保持口译的准确性和信度，译员需要全面地理解源语言的内容，并确保将其无误地传达给目标语言的听众。译员需要注意传达谈话的议题、观点、相关事实、细节、数字、时间、地点等信息，确保没有遗漏或错误。此外，译员还需要尽量忠实地传达说话人的语气、情感和口音等语言特征，以表达原语言中的意思和目的。译员应该保持中立、客观的立场，尽量避免加入个人观点或进行主观解读。

口译的准确性确实是译员责任心和业务能力的重要体现，也是口译工作的生命线。口译的内容范围广泛，涵盖了各种场合和主题，从政治会谈涉及立场观点，到经贸谈判中包含各种数字，甚至日常生活翻译中的时间、地点和细节等。任何错误或失真的口译内容都可能带来严重的后果。在政治上，一个错误的翻译可能导致具有原则性错误的解读，从而影响政府间的关系和合作；在经济上，错误的数字或信息可能导致重大的经济损失或商业失误；在工作上，口译失误可能导致严重的工作失误、误解或误导他人的情况发生。

在口译中，译员不可只顾速度而忽视口译的准确性。任何粗心大意、马虎从事的作风都可能造成难以挽回的影响。口译的准确性也表现在语言表达方面。在语言表达上译员要做到语音、语调正确，准确掌握词义、词性、词的变化与搭配，正确运用句型、时态、语气和衔接，做到语音、语调、词法、语法准确无误。因为译员语言表达上的任何错误都可能造成交际双方谈话内容上的含糊其辞、似是而非，甚至引起严重误解。这样的口译不可能真实地传达说话人的意愿，也不符合口译的准确原则。准确的口译不仅是双语成功交际的保障，而且也是译员职业道德和专业水平的集中体现。准确的口译体现了译员对交际活动的尊重和负责，而且也体现了译员对交际双方的尊重和负责。必须指出，这里所讲的准确性并非那种机械刻板的"模压式"口译或"盖章式"口译。例如，对源语者明显的口吃、口误或浓重的口音不可妄加模仿。口译的准确性还表现在风格上。译员要正确运用语态、语气、情态等，再现说话人的情感、情绪和口气，真正做到传情达意，再现说话人"原汁原味"的谈话风格。

二、流利（Fluency）

流利是口头表达的基本要求，也是口译的另一重要标准。在口译中，"达"就是语言通达、顺畅。译员在确保准确的前提下，应该迅速流畅地将一方的信息传译给另一方。如果说"准确"是口译的基本要求,那么"流利"则充分体现了口译的特点。口译的现场性、现时性、即席性、限时性、交互性等因素要求口译过程宜短不宜长,节奏宜紧不宜松。口译是交际工具,工具的价值在于效用和效率,那么,如何来衡量口译的流利程度呢?口译的流利程度包括译员对源语信息的感知速度和解析速度以及用目标语进行编码和表达的速度。通常,译员在口译时对母语信息的感知速度和解析速度快于对外语信息的感知速度和解析速度,同时,用母语编码和表达的速度也快于用外语编码和表达的速度。在口译场合,译员对信息的感知和解析受到"现时""限时"的制约,无法"自由自在"地调节速度,所以必须同步加工。一般说来,可以依据译员所用的口译时间是否同发言者的讲话时间大体相等来衡量口译是否流利,若以落后两倍于源语发言者的讲话时间进行口译,显然不能被视为流利。

三、易懂(Understandable)

"易懂"是指口译的语言要口语化,简洁明快、直截了当,符合译入语的表达方式,使人一听就懂。特别是汉译英时,一定要避免汉语式的英语或"对号入座"式的"死译",说出来的英语使外国听众不知所云。当然,准确、流利的口译是建立在译员对两种交际语言的文化知识和交流技巧熟练掌握及译员快速反应基础之上的。因此,打好两种语言的基本功,加强口译实践锻炼是译员获得良好口译效果的根本途径。

第五节 英汉口译人员应具备的素质

口译是一份专业要求很高的职业。虽然精通两国语言的人也可以做一些简单的口译工作,但是他们却无法承担正式的口译任务。要成为一名优秀的职业译员,除了一些必要的生理条件和心理条件外,通常需要经过专门学习和强化培训来培养和提高职业译员所必须具有的素质。没有良好的思想素质和过硬的业务能力是很难胜任工作的。鉴于口译工作的特点及衡量标准,一名专职译员应具备如下的基本条件。

一、具有良好的职业道德和爱国主义情操

译员的活动属于外事活动,译员的一举一动、一言一行都关系到祖国的形象、民族的风貌、机构的利益。译员在口译工作以及与口译工作有关的活动中,应遵守外事纪律和财经纪律;严守国家机密;严格按口译工作的操作程序办事,忠于职守,对交谈双方负责;严守服务对象的机密。译员要洁身自爱,不谋私利,不自行其是,不做有损国格和人格的事情。

二、具有扎实的两种语言或两种以上语言的功底

译员的双语能力不仅仅是对语言基础知识的掌握,还包括对语言运用的能力以及对各种语言风格和语用功能的了解。以下是译员应该具备的一些重要双语能力。

(1)听。译员需要具备良好的听力,能够准确、全面地听懂说话者表达的内容,并捕捉到语气、语调变化等细微差别。

(2)说。译员需要具备流利、准确、得体的口语表达能力,能够清晰地传达信息,并适应各种场合和受众。

(3)读。译员需要有广泛的阅读能力,能够理解并准确解读各种不同领域和文体的文本,掌握专业术语和常见缩略语的含义。

(4)写。译员需要具备优秀的写作能力,能够准确、流畅地表达思想,使用恰当的词汇和句式,保持文风一致。

(5)译。译员需要具备出色的翻译能力,能够准确地将源语言的意思转化为目标语言并传达出来,同时保持原文的风格和意图。

此外,译员还需要熟悉不同的文体和语用功能,掌握习语、俚语、术语、谚语等特定词语的翻译方法。此外,译员还应灵活运用各种口译方法和技巧,例如同传、交替传译、逐句传译等,以应对各种不同口译场合的需求。

译员的业务素质还包括广博的知识。在口译过程中,译员会遇到各式各样题材的谈话,其内容几乎是包罗万象、无所不及的。因此,一个称职的译员必须具备国际事务、时事政治、经济商贸、历史地理、社会文化、国情民俗、人文科学和现代科技等各方面的基本知识。译员的知识越丰富,就越能充分理解谈话的内

容和含义，越能确切表达说话人的原意。

三、具有出众的能力

在口译工作中，译员需要具备敏锐的头脑和快速的反应能力，以及出众的记忆能力。此外，高度的判断能力、综合分析能力、逻辑思维能力和随机应变能力也是非常重要的。以下是这些能力的具体作用。

（一）敏锐的头脑和快速的反应能力

在口译过程中，信息的传递速度极快，译员需要能够迅速将输入的源语言信息转化为目标语言，并及时输出。具备敏锐的头脑和快速的反应能力能够帮助译员更好地应对突发情况和处理复杂的语言内容。

（二）具有清晰、流畅、达意的表达能力

在口译过程中，确保语速适中、音调平稳、发音清晰以及表达准确、简洁易懂是非常重要的。以下是一些可以帮助译员在口译中表现更好的技巧。

1. 语速适中

口译时的语速要适中。语速过快可能让听众无法跟上，错过一些重要的信息，而语速过慢则可能引起听众的疲劳和无聊。因此，口译员应该保持适中的语速，让听众能够舒适地理解和处理语言信息。

2. 控制音调

在口译过程中，要注意音调的控制，以保持表达的平稳和自然。避免高低声调过分突出，以免影响听众的接收和理解。

3. 发音清晰

译员要注意发音清晰，确保每个词的吐字清晰准确，不模糊、不含糊。避免口齿不清或忽略发音细节，以免影响听众的理解。

4. 表达简洁有力

口译时，应力求使用简洁、凝练的表达方式，避免啰唆和冗长。用简明扼要的语言传递核心信息，让听众能够迅速理解。

5. 用词准确恰当

选择准确且恰当的词汇对于传达正确的意思非常重要。在口译中要注意选择

能够准确表达原意的词汇，避免产生歧义或误解。

6. 语句简明易解

使用简单明了的语句结构，避免过于复杂的从句和长句，以便于听众更容易理解和跟随翻译内容的思路。

7. 译文传神传情

除了准确传达原意，还要力求让译文有力地传递出原文的情感和意图，让听众感受到原始表达的冲击力和感染力。

（三）出众的记忆能力

记忆是译员的重要能力之一，特别是在长篇演讲或会议交流中。优秀的记忆能力使译员能够轻松记住大量的信息和细节，并准确地进行翻译。

（四）高度的判断能力

在口译过程中，口译员需要具备准确判断源语言意思的能力，并作出合理的翻译决策。这是口译员的核心职责之一。面对源语言中可能存在的模糊或多义性内容，口译员需要灵活运用自己的语言和文化知识，结合上下文和语境，准确理解源语言的含义。高度的判断能力是口译员成为优秀口译专业人员的重要素质之一。

（五）综合分析能力和逻辑思维能力

分析能力和逻辑思维对口译员来说都是非常重要的技能。口译员需要能够对语言信息进行全面的综合分析和理解，抓住关键信息，并将其进行逻辑组织和表达。这有助于口译员在口译过程中准确地传达信息和表达思想。分析能力可以帮助口译员理解语言中的含义、隐含信息和文化背景，从而作出恰当的翻译决策。逻辑思维能力则有助于口译员在口译过程中进行信息整合、语序调整和思维转换，以使翻译表达更加准确、流畅和符合目标语言的习惯用法。因此，良好的分析能力和逻辑思维对于口译员来说至关重要。

（六）随机应变能力

在口译过程中，各种复杂的情况可能会突然发生，此时口译员需要具备良好的随机应变能力。他们需要能够灵活应对不同的语言风格和专业术语，适应不同的口音和语速,并且能够在突发状况或紧急情况下迅速作出反应。随机应变能力帮助口译员在面对各种意想不到的情况时保持冷静、灵活和自信。他们需要快速思考并作出准确的判断和决策,以维持口译的准确性和流畅性。此外,随机应变能力还包括处理技术故障、掌握先进的翻译工具使用技术、处理突发状况等方面。因此,作为一名优秀的口译员,拥有良好的随机应变能力是非常关键的,它能够帮助他们在充满复杂性和挑战性的口译环境中保持高水准的表现。

这些能力的综合运用将使译员能够在各种场合的口译中立于不败之地,保持专业水准并成功传达信息。不断的训练和实践可以有助于译员培养和提升这些关键能力。

四、具有良好的品格和得体的仪表

作为一名口译员,持有高尚、忠诚、稳重、谦虚的品格是非常重要的,这有助于建立信任和良好的工作关系。同时,拥有大方素雅、洁净得体的仪表也是体现职业形象和专业素养的重要方面。以下是口译员应注意的几点外事礼仪、社交礼节和口译规范。

(一)外事礼仪

在外事场合,口译员需要遵循当地和国际外事礼仪规范,充分了解文化差异和双方的礼节习惯。这对于保持专业形象和有效传达信息非常重要。

口译员在外事场合应该注意自己的仪态端庄和举止得体。他们代表着自己的国家或组织,因此应该穿着整洁,言行得体,保持良好的职业形象。他们还应该尊重对方的文化和习俗,避免言行上的冒犯。

了解文化差异和礼仪习惯对于准确地理解和传达对方口译信息也非常重要。不同的文化有不同的表达方式和隐含含义,口译员需要对这些文化差异有充分的了解和敏感性。尊重和理解对方的文化可以建立良好的沟通氛围,增加双方之间的互信和合作。

(二)社交礼节

口译员在与各种人群交往时,应遵循基本的社交礼节,以确保有效的沟通和友好的交流。

首先，口译员应礼貌待人，给予他人应有的尊重和关注。他们应主动和善意地与对方交流，并尽可能积极地回应对方的需求和期望。

其次，口译员需要注意自己的言行举止。他们应保持适度的谨言慎行，避免冲动和情绪激动，以及使用冒犯性的言辞或态度。保持专业的态度并尽量不在对话过程中增添个人色彩，以确保公正和客观的口译。

此外，口译员也需要保持良好的沟通态度。他们应倾听并理解对方的意思，注重与对方之间的互动，积极回应对方的提问或意见。他们还应努力创造一个开放、友好的交流环境，并善于处理潜在的冲突或误解，以促进有效的沟通和交流。

（三）口译规范

在口译过程中，遵循相关的行业规范和准则是非常重要的，以确保口译的准确性、一致性和专业性。

首先，口译员应保持中立和客观。他们的任务是准确传达原文的意思，而不是加入个人观点或解释。口译员应努力保持中立立场，不带有任何偏见或个人情感，确保口译结果真实、客观。

其次，尊重原文的意图和语气也是很重要的。口译员应尽力理解原文的目的和表达方式，并在口译过程中尽量保持原文的风格和语气。这有助于确保口译的一致性和准确性，以避免误解或失真。

此外，遵循专业术语的翻译准则也是口译员的重要任务之一。口译员应对专业领域的术语有深入的了解，并根据上下文和语境，选择合适的译文进行翻译。保持专业术语的一致性和准确性，有助于实现信息的准确传达和理解。

（四）保守机密

作为一名口译员，需要遵守以下几点。

（1）遵守保密协议和机密政策。口译员应了解并遵守与客户或雇主签订的保密协议，以及任何适用的机密政策和法律法规。这涉及保护客户和相关信息的机密性，确保不泄露任何敏感或机密的信息。

（2）保护口译文件和资料。口译员应妥善保管口译文件和资料，防止丢失或未经授权的访问。他们也应采取必要的措施来防止文件的泄露，如使用安全的电子设备和加密技术，或者在纸质文件上使用加密锁和存储。

（3）限制访问和传播。口译员应确保口译过程中的信息只传达给需要知道的人员。他们应将信息仅限于工作所需，在合适的安全环境下进行信息传播，避免在不安全的网络或公共场所传输敏感信息。

（4）遵守职业道德和责任。口译员应秉承职业道德和责任，始终将客户的利益放在首位。他们应始终保持诚实、诚信和专业，并避免利用或滥用他们所掌握的敏感信息。

通过遵循外事礼仪、社交礼节和口译规范，口译员可以展示出无可挑剔的职业形象和专业素养，同时确保口译工作的顺利进行。这有助于建立良好的口译声誉，并与各方建立积极的工作关系。

译员在口译工作中要始终忠实于原文，避免插话、抢译或随意增减内容。同时，要把握好自己的角色，不夺取说话者的注意力，也不展示过多个人的学识或观点。此外，译员还要注意自己的仪容仪表，戒除不注意细节和修饰的习惯。一个优秀的高级口译员应该具备仪表端庄、举止大方、态度亲和、风度儒雅、言谈得体的特质，这有助于树立自己的专业形象，建立良好的工作关系。除了理论知识的学习，实践也是提高口译技巧的关键。通过不断的实践，译员可以提升口译技巧、丰富口译知识，并逐步掌握规范的口译方法。

第三章 英汉口译的基本技能

本章将主要介绍英汉口译的基本技能，分为以下几个方面：英汉口译中的听辨技能、英汉口译中的记忆技能、英汉口译中的演讲技能、英汉口译中的记录技能、英汉口译中的数字表达差异应对技能、英汉口译中的文化差异应对技能。

第一节 英汉口译中的听辨技能

口译是一种复杂的认知活动。卢信朝曾总结，口译的过程可以简单表示为："信息输入—信息加工、储存—信息输出"[1]。口译听辨是口译过程的基础和第一步，对于口译的质量和准确性起着至关重要的作用。以下是口译听辨的一些关键点。

（1）信息输入

在口译听辨阶段，译员需要聆听源语言的内容，包括说话者的发音、语速、语调等信息。同时，还需注意听取上下文和语境中的相关信息。

（2）听辨理解

在口译听辨阶段，译员需要进行准确的理解和解读。这包括理解主旨和要点，捕捉关键信息，并注意上下文的连贯性和语言特点。

（3）信息存储

通过听辨，译员需要将听到的信息存储在记忆中，并与其他相关信息进行连接和组织。这有助于后续的口译转换和翻译流畅性。

（4）服务于信息存储

口译听辨的目的是更好地服务于后续的信息存储和转化。准确听辨和理解源语言信息有助于译员在后续转化为目标语言时忠实、准确地传达原意。

对于学习口译的人来说，攻克口译听辨的难关非常重要。这需要译员通过大

---

[1] 卢信朝. 英汉口译听辨：认知心理模式、技能及教学[J]. 山东外语教学，2010，30（5）：53-59.

量的听力练习、积累词汇提升对语言的理解和听辨能力。同时，了解不同领域的专业知识也是提高口译听辨能力的重要一环。

一、口译听辨与听力理解

如何理解口译听辨？法国著名口笔译专家丹尼尔·吉尔（Daniel Gile）认为，口译时的听和分析（listening analysis effort）是"所有与听力理解有关的活动，包括译员对语音符号的辨析到识别字词的含义到最后决定讲话人所表达的意思"[1]。所以，口译听辨的过程包含对语音的辨析、对具体表达方式所含信息的识别以及对这些信息的分析加工。

由此可以看出，口译过程中的听辨理解并不等同于外语学习的听力理解，主要差异表现为三点。

（1）对于学习外语的学生来说，他们的听力训练通常注重对标准发音的学习，以便更好地理解和掌握语言。然而，在口译工作中，译员的目标是能够准确地理解源语信息，并进行有效传递，而不是苛求标准发音。在口译听辨过程中，尽管标准发音很重要，但译员要积极适应各种情况，包括噪音干扰、语音部分畸变等。他们需要借助上下文、语境和其他线索，准确理解听到的信息，并将其转化为目标语言。在这个过程中，"能懂"是译员的首要目标。他们不仅需要听辨语言表达的意思，还要娴熟地应对各种语音和音频特点，以提高效率和准确性。虽然准确发音对于提供清晰的口译非常重要，但在实际口译环境中，会有各种因素干扰发音的清晰度，例如噪音、设备问题等。在这种情况下，译员需要适应并专注于理解和传递信息，确保任务的高效完成。

（2）与学习外语的学生相比，译员在口译工作中面临更高的听辨和理解要求。在口译工作中，译员需要同时进行语音听辨和语义理解，并且在更高的层面上理解句子、段落或整个语篇的意义。这是因为口译不仅仅是简单地听辨单词或句子，还要将其转化为准确、流畅的目标语言表达。译员需要在实时的口译过程中进行快速的语音听辨，并几乎同时进行意义理解。他们需要掌握足够的词汇量和语法知识，以便在短时间内对所听到的信息作出准确的语义解读。此外，他们

---

[1] Gile D. Basic Concepts and Models for Interpreting and Translation Training[M]. Philadelphia, PA: John Benjamins Publishing Company, 1995.

还需要通过上下文和语境理解口语表达中的隐含含义、文化背景等，以确保传达准确的目标语言信息。对于译员来说，能够同时完成语音听辨和多层次的语义理解是至关重要的。这需要大量的练习和实践，包括进行听力训练、扩充词汇量、增加不同领域的专业知识等。通过不断的努力和经验积累，译员可以更好地应对口译工作中的听辨和理解挑战，以准确、流畅地传达源语言的意思。

（3）外语学生在听辨时通常会将注意力更多地放在语言的形式上，着重抓住词语来理解语句。而译员在口译过程中，由于任务的要求，注重的重点可能并不在于准确抓取每一个词语，而是更加关注上下文、语篇逻辑和话语的内容和意义。译员在口译过程中需要将口语表达转化为准确流畅的目标语言，这可能需要对上下文的含义和语篇的逻辑结构产生更大的关注和进行更细致的处理。他们需要注意语境中的词语搭配、隐含含义和特定文化背景等方面。因此，他们往往会将注意力集中在整个句子或段落的意义上，而不是单纯地关注每个词语的翻译。通过理解上下文和抓住语篇逻辑，译员可以更好地把握语句的整体意思，并将其转化为准确的目标语言表达。这也是为什么译员在进行口译工作时，可能会遗忘一些细节词语，因为他们更注重的是语句的整体意义和传达源语言的核心信息。

简单来说，与外语学习的听力理解相比，口译过程的听辨理解更复杂，它既不是选择题，也不是填空题，更不是听写题。译员并不能逐音听写做"单音听辨"，而需要采取一种"语流听辨"的方式。在真实的口译现场，译员所听取的源语通常是连贯表达的话语。与外语学习或考试中的模拟标准语音不同，口译现场的源语是一种连续性的"言语链"，是话语表达的自然"语流"。

口译现场话语语流受连贯表达中前后排列的语音、话语的语速、发言人的口齿和口音以及口译现场环境噪音的影响，往往发生了一定程度的变化。正因为这些差异，一些外语基础不错的学生在刚接触口译基础时，在听辨练习方面依然感觉有难度，甚至不适应。

二、口译听辨的特征

卢信朝将口译听辨的特征概括为以下七点。

（1）前提性。口译听辨理解是口译活动的前提。

（2）及时性。口译听辨需要在非常短的时间内迅速、及时完成。

（3）准确性。信息的准确程度是判断口译质量的第一标准，而听辨理解的准确性又是口译准确性的前提。

（4）一次性。口译听辨活动一般不可重复。

（5）被动性。口译的特征及口译现场环境常常使得译员的听辨处于被动状态。

（6）主动性。译员可在听辨中积极运用预测、联想、推断等技能提高听辨效率。

（7）艰巨性。上述六点特征决定了口译听辨的艰巨性。[1]

执行口译任务时，译员受上述特征制约，因此听辨过程至少要满足三个"听"的要求。

一是注意力高度集中的"听"，即译员在整个口译过程中都必须注意力高度集中，否则容易漏掉某些信息。

二是全面的"听"，即既要听取要点，又要听取细节，而不能有所偏废。

三是积极的"听"，即在听辨的过程中要注意对源语信息进行理解加工。

译员不能把注意力集中在具体的字词上，因为那样容易分不清主次，抓不住整体意义与精神。过于着眼细节对理解源语非但无好处，反而妨碍译员的听辨理解，也会大大影响译员的记忆等后续加工阶段。"听"的目的应该是获取信息，了解源语的整体意义，而不是具体的词句，这就是所谓的得"意"忘"形"。

三、口译听辨的策略与技能

得"意"忘"形"符合巴黎高翻学院"释意派"所主张的理念，口译的理解过程是以"脱离源语语言外壳"为核心的。口译听辨不在于词汇及语音的完全辨析，而重在语篇结构的快速判断与重建，即摆脱词汇外壳的束缚，以意义为形式、以意群间的逻辑关系为框架储存信息，并快速判断整个语篇的交际目的。只有处于意义层面的听辨认知过程，才有可能达成口译传意沟通的交际目标。

此外，译员运用联想、预测、推断、分心协调、表征、存储等多种认知策略性技能辅助听辨认知时，主要经历下述过程。

---

[1] 卢信朝.英汉口译听辨：认知心理模式、技能及教学[J].山东外语教学，2010，30（5）：53-59.

（一）音流听辨

译员接收源语声音信息，通过将该信息与大脑图式中的信息进行比较、建立联系等操作，将声学符号解码为语音信息（可能存在极少量副语言或超语言声音信息），并进一步将之解码为可加工、待加工的信息或意义，进行基本意义建构。

（二）言意分离

译员对语言意义混合体中的语言符号进行进一步解码和意义建构，将原有意义集成得更加完整，并将意义从源语言意义混合体中析出，即透过语言形式摄取意义。

（三）意群切分和关键信息识别与浓缩

译员对摄取的意义进行便于存储的初加工，将意群切分为便于加工的意义块，即建构意义单位，并对意义块中的核心语义束进行有利于存储的集约化加工，即关键信息的浓缩。

（四）释义

译员突破源语的语言层次和意义层次的烦冗、晦涩、艰深，以便于译员理解和表达，便于用听众理解的方式进行演绎性的意义再加工。

（五）概要

译员对源语中的琐碎、冗余的信息或意义进行整合压缩，即作归纳性的意义再加工。

（六）逻辑性重构

译员对逻辑紊乱的意义进行便于理解、存储及输出的逻辑性深加工。

对于初学口译基础的学生，学习口译的第一步就是要改变语言学习时听具体语言形式的习惯，从"听词"转向"听意"，将注意力转移到理解源语信息上。在听辨过程中，要不断地问自己"发言人表达的是什么意思"，而不是"发言人刚刚说了什么词"。结合口译听辨认知规律，通过训练逐渐具备透过语言的外壳理解深层意义的能力。

译员平时要利用一切机会练习听辨理解，做到精听和泛听的结合。精听练习要做到分辨清楚每个词甚至音节，尤其注意训练分辨发音接近的词，分辨连读。泛听练习不必计较没听懂的词句，重点关注主旨与整体精神，旨在提高对语言的直接感受能力，增加语言经验。无论是精听还是泛听练习都贵在坚持。译员日积月累下来，听辨能力一定会有所进步。

译员平时练习时不能总听标准、规范的英语。真实的口译话语语流可能包含连读、弱读、略读、清音浊化、浊音清化、发音模糊、口音怪异等"音变"现象。例如在口音方面，译员不但要翻译英美人的讲话，还要翻译加拿大、澳大利亚、新西兰等区域变体的英语。这些国家的英语语音、音调、用词习惯会有一些差异。英语作为全球通用语言，有许多非英语民族所使用的英语变体，例如南亚人、东南亚人、东北亚人、中东人、东欧人、南欧人、非洲人、拉美人等。他们的英语不同程度地带着自己母语的烙印，给译员造成一些听辨上的挑战。因此译员平时训练时，应该有意识地增加一些带有不同口音的材料，适应这些非英语民族的发音特点，临场才能做到应付自如。

第二节　英汉口译中的记忆技能

一、口译记忆

记忆是在头脑中积累、保存和提取个体经验的心理过程，也是人脑对外界输入的信息进行编码、存储和提取的过程。记忆包含三个基本过程：编码——信息进入记忆系统，保持——信息在记忆中储存，提取——信息从记忆中提取出来。

（1）编码。它是记忆的第一个基本过程，把来自感官的信息变成记忆系统能够接收和使用的形式；编码需要注意的参与；注意对记忆有重要影响，编码强弱直接影响着记忆的长短；强烈的情绪体验会加强记忆效果。

（2）保持。已经编码的信息必须在头脑中得到保存，才可能在一定时间后被提取。

（3）提取。保存在记忆中的信息，只有提取出来加以应用，才是有意义的。编码的强弱直接影响提取的效果。

从这三个过程来看，编码是保持和提取的前提，编码也是记忆三个环节中最活跃、最有弹性的一个过程。因此，提高记忆，一般先从信息编码开始。

根据记忆功能以及持续时间长短，人类记忆可以分为：感官记忆（感觉记忆、瞬时记忆）、短期记忆（短时记忆）和长期记忆（长时记忆、永久记忆）。感官记忆指外界信息通过眼睛、耳朵等感官进入大脑并在神经中枢感觉记录器中做短暂停留，可以分为图像感官记忆和声音感官记忆，前者存在时间不到 0.3 秒，后者存在时间不足 2 秒。感官记忆有鲜明的形象性，它所保持的是感觉的全部形象，而非形象的意义。部分感官记忆一旦引起足够注意则进入短期记忆。短期记忆中的信息处于活跃状态，可以对其进行分类解释等加工，短期记忆保持时间相对感官记忆较长，约二三十秒至 1 分钟。然而，短期记忆存储容量有限，一般为 7 ± 2 个左右的不同单元（unit）或块（chunk）。短期记忆中的部分信息经过解码、重复等操作后进入长期记忆。长期记忆的特点是容量大、存储时间长，从数分钟至数年不等。

在口译过程中，似乎还存在另一种介于短期记忆和长期记忆中间的记忆：中期记忆。这种记忆比短期记忆长，但是比传统意义上的长期记忆短。译员在口译现场的工作压力下对于某些信息的保持比短期记忆长，但是比长期记忆短，即工作压力一旦解除，这种记忆可能彻底消失。例如，在国际研讨会上进行交替传译时，译员要听辨若干分钟的演讲，然后作即席口译。在这若干分钟里，译员需要一边听辨，一边对所听信息进行加工，并且边加工边以记忆和记录的方式对信息进行存储。讲话暂停后，译员根据听辨和记忆的内容，在笔记等辅助记忆工具的帮助下，对信息进行回忆并以目标语译出。那么讲话人讲话的这若干分钟也是译员进行信息加工和存储的时间。这段时间的记忆可以称作中期记忆，其保持时间比短期记忆的 20 秒～1 分钟长，比长期记忆的若干年短。

口译的记忆过程（图 3-2-1）可以描述为：当源语信号（包括声音信号和图像信号）刺激听觉或视觉系统时，大脑启动感官记忆和长期记忆，并以极快的速度将感官记忆所接收并存储的相关信息与大脑长期记忆中原有的信息建立联系并进行筛选。筛选后的部分信息进入短期记忆。经过短期记忆的选择、组织和处理后，一小部分信息消失，而大部分信息以便于译员存储的方式进入译员的中期记忆系统，以供口译表达之用。有些信息经过了感官记忆、短期记忆和中期记忆后进入了长期记忆，成为口译员知识积累的一部分，从而为下一个口译听辨时的信息对照和筛选做准备。口译中的短期记忆主要负责对经过感官记忆辨认并存储的源语信息进行解码、加工，并作数秒至1分钟左右的存储。口译中的中期记忆是译员对短期记忆中的信息进行进一步的加工及存储，此时信息保持时间可以持续若干分钟。二者的主要区别在于信息加工的深度与信息保持时间的长短。

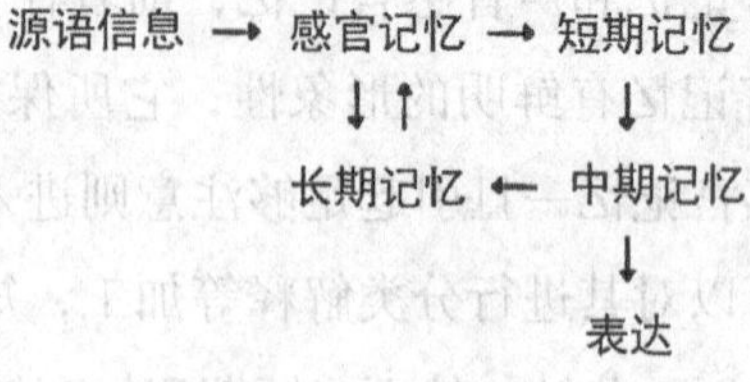

```
源语信息 → 感官记忆 → 短期记忆
              ↓↑         ↓
           长期记忆 ← 中期记忆
                         ↓
                        表达
```

图 3-2-1　口译记忆图

由此可见，感官记忆是译员其他记忆的先决条件，信息无法被感知也就无法被记忆；长期记忆是口译的基础，长期记忆中的内容，就是人们常说的译员的"知识积累"，没有一定的知识积累，听辨时短期记忆和中期记忆无法进行；短期记忆和中期记忆是口译记忆的核心环节，是听辨和表达的桥梁，短期记忆和中期记忆在不同的口译类型中起到不同作用，例如需要较长时间保持信息的会议长交传较多地依赖中期记忆，而话语相对较短的陪同口译中的短交传对短期记忆要求较高。

二、记忆点、记忆线、记忆网

在口译过程的四种记忆中，感官记忆与译员的眼、耳等器官的生理功能关系紧密，长期记忆的内容则相对稳定，而作为口译记忆核心环节的短期记忆和中期记忆能力则更具有弹性。其中短期记忆又是核心中的核心，连接着感官记忆和中期记忆。如前所述，编码是记忆的前提，编码的方式直接影响记忆的效果。因此，要提高短期记忆能力，归根结底在于译员对所接收信息进行恰当编码——将信息加工为更便于存储的形式。

那么如何进行有效编码呢？

根据短期记忆理论，短期记忆只能记5～9个组块，但是每个组块的大小却是有弹性的，是可以延伸的。因此，提高短期记忆最有效的方法是提高组块的容量。此外，心理学实验表明，短期记忆的效果与记忆内容是否有意义直接相关。越有意义的内容越容易被记忆。因此人们在信息加工过程中需要特别注意对有关信息进行编码或赋予一定的意义以方便存储。

心理学认为，记忆是一个立体的信息网络，口译记忆也不例外。口译员所面对的源语信息包括语音、词汇、语法结构和文化知识等各个方面的信息。这些信息在口译过程中构成一个复杂的系统，可能显得纷繁复杂、杂乱无章。同时，源语信息通常以动态语流的形式呈现，也就是说，信息源源不断地、连续地传递给口译员。面对如此快速和连续的信息流，口译员需要在瞬间进行处理和理解。这是一项相当考验注意力和记忆能力的任务。译员如果对这些信息不进行任何加工，而只是被动地记忆这些语音、符号等信息，那么记忆力再好的人也难以记忆一段3分钟的讲话。以每分钟150个词算，3分钟讲话可达450个词。而短期记忆只能记5~9个组块，根本无法对付450个组块。[1]那么人们该如何记忆呢？

首先，人们对这450个词进行加工。这种加工不是符号或形式上的，而是脱离了词汇和语法意义上的加工。人们需要将450个词加工为5~9个意义组块。这样，每个组块的容量变大，记忆负担便会减轻，记忆效果会增强。这些增大了的组块，只有经过一定的浓缩，比如浓缩为简写词汇、符号或意象，才更容易被记忆。这些浓缩后的词汇、符号或意象，叫做"记忆支点"。译员首先应将源语信息加工为若干支点。

但是即使有了较大组块或记忆支点，人们也不可以基本记忆这450个词的意义。如果人们的记忆支点东一个、西一个，凌乱不堪，毫无内在联系的话，这些信息便如断线的珠子或是一盘散沙，使得记忆发生困难。这时，人们需要"赋予它们意义"——寻找"记忆支点间的关系或者叫记忆线"。记忆线是表示各记忆支点内在逻辑关系的连线。这些关系或连线将不同的组块或记忆支点连接起来，组成一个个意义丰富、连接紧密的平面，若干记忆平面交叉组合便构成了立体的记忆网络。

记忆支点和记忆线可大致做如下定义。

记忆支点：译员将接收的信息流切分为若干较大的意义组块，并将每一个组块浓缩为单位较小、容易记忆的符号、简写词或意象，这些符号、简写词或意象就是记忆支点。

记忆线：在加工获取记忆支点的过程中，译员对各组块或支点间的逻辑关系进行分析，将散落的支点紧密联系起来，那么用于连接这些支点的线就是记忆线。

---

[1] 肖崇好，黄希庭．影响短时记忆信息提取的因素研究[J]．心理学探新，2001，21（3）：4.

记忆支点是一个相对灵活的概念，其形式会因人而异，因意义组块而异，因语境而异。

记忆支点形式各异，但是也具有一些共性：记忆支点一般是该意义组块里最关键、最概括的信息，能够使译员回忆起整个意义组块。

译员在信息流听辨中，不断识别关键信息，而刚刚识别的关键信息可能顷刻间被更关键的新信息覆盖，而这一最新信息也可能只是铺垫性信息，第三块信息才是最核心的信息。所以记忆支点的识别和建立是一个服务理解和记忆的、动态的、灵活的过程。

对于记忆支点，部分人或许会一时无法存储，或存储后无法提取，即出现"全部听懂，却全部忘记"的尴尬局面。这时，人们需要建立记忆线。记忆线是在边听边分析的过程中建立的。

记忆线的种类共有约11种，包括列举、排序、演绎（推理）、归纳（总结）、对比、对照、因果、联想。其中排序又可以细分为：按照时间排序，按照空间排序，按照认识事物规律排序，按照程序排序。

经过建立记忆点，再通过记忆线的连接，原文变为容易存储、提取的"记忆网"或"脑图"，这就是译员需要掌握的核心内容：建立口译记忆网，增强口译记忆。对于富有经验的职业译员来说，建立记忆支点、记忆线已经是自觉的、无意识的过程，已经经过若干口译实践而沉淀为他们潜在的基本技能。而对于口译入门者来说，进行相关针对性训练，不失为练习口译的一条"捷径"。

三、口译话语类型与记忆点、记忆线

口译常见的话语材料分为四种：叙述类、说明类、论证类、联想类，其中论证类和联想类话语最为常见。下面来分析不同话语类型的主要特点及记忆线路。

（一）叙述类

叙述类话语主要是指随着时间推移、地点转移、角色转换，围绕着一定的情节组织起来的话语。该话语类型的主要特点有以下几点（图3-2-2）。

（1）时序性。叙述总是按照一定的时间推移而展开的，而且基本是"顺时"或"线性"发展。这是叙述类话语最主要的特征。

（2）地点转移。叙述总是涉及情节的不同地点。

（3）角色转换。叙述总是围绕一定的角色展开，这里的角色可能是人物，也可能是事物。叙述类话语从结构上看，基本包括五个部分：背景或引子、开端、发展、高潮、结局。

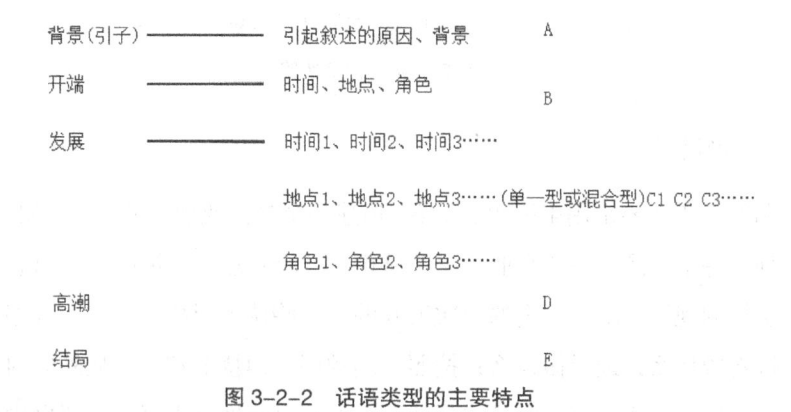

```
背景（引子）————— 引起叙述的原因、背景    A

开端      —————  时间、地点、角色
                                         B
发展      —————  时间1、时间2、时间3……

                 地点1、地点2、地点3……（单一型或混合型）C1 C2 C3……

                 角色1、角色2、角色3……

高潮                                      D

结局                                      E
```

图 3-2-2　话语类型的主要特点

上图中的字母分别代表各主要"记忆支点"，有了这些支点后，可以根据话语的主要组织特征（以时间为主，以地点为主还是以角色转换为主或者是时间、地点、人物混合型）建立记忆线（图 3-2-3）。其中：T 表示时间，P 表示地点，R 表示角色。

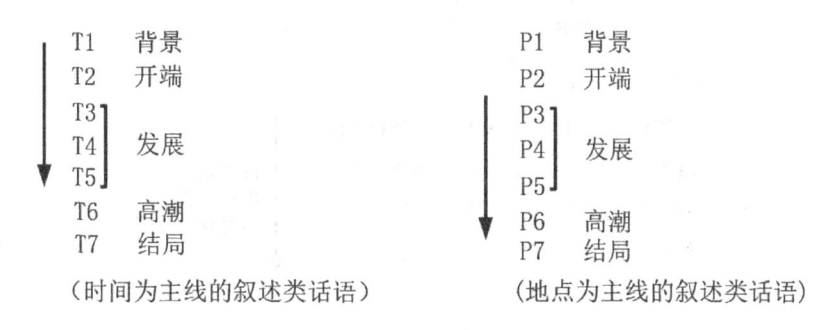

```
T1  背景                  P1  背景
T2  开端                  P2  开端
T3 ┐                     P3 ┐
T4 │ 发展                 P4 │ 发展
T5 ┘                     P5 ┘
T6  高潮                  P6  高潮
T7  结局                  P7  结局
```

（时间为主线的叙述类话语）　　（地点为主线的叙述类话语）

图 3-2-3　记忆线

其实，几乎没有一个叙述类话语是仅仅以时间、地点或角色中的某一种为主线，一般情况下，叙述总是以其中的一条线为主，其他两条作为点缀。因此，对于叙述类话语，可以在源语听辨过程中，边听边识别主要线索，并立即将不同的时间、地点或角色确立为记忆支点，再根据线性发展、偶尔点缀的特征迅速建立记忆线路，如图 3-2-4 所示。

```
T1  背景
T2  开端
T3
T4  发展（P1，P2……）
T5
T6  高潮（R1，R2）
T7  结局
```
（时间为主、地点转移和角色转换作为点缀的叙述类话语）

图 3-2-4　记忆线路

（二）说明类

说明类话语主要是用来说明、介绍、描述一个具体或抽象的事物，如一个设计、一个规划、一个产品、一个企业、一个城市、一个景点等。说明类话语总是按照人们认识事物的规律、围绕一定的层次展开的。这些认识规律有：按照程序，即先做什么，接着做什么，最后做什么；按照空间顺序，即从上到下、从外向内、从远到近、由前到后、由浅入深、由具体到抽象；按照时间推移为序；按照事物产生的背景或原因、事物特征、事物功能、事物的意义和影响事物的前景或展望等为序。

说明类话语层次图示如图 3-2-5 所示。

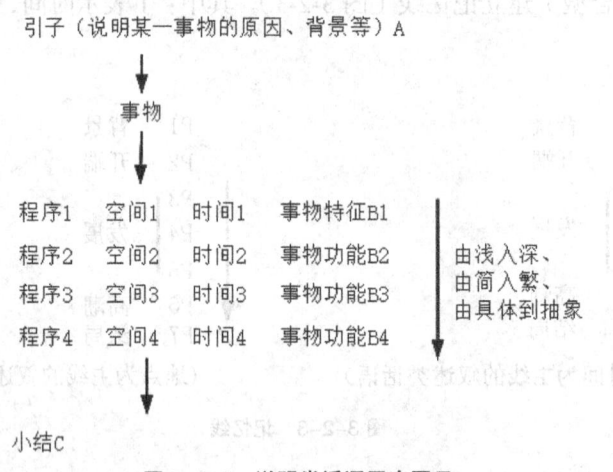

```
引子（说明某一事物的原因、背景等）A
            ↓
           事物
            ↓
程序1   空间1   时间1   事物特征B1
程序2   空间2   时间2   事物功能B2      由浅入深、
程序3   空间3   时间3   事物功能B3      由简入繁、
程序4   空间4   时间4   事物功能B4      由具体到抽象
            ↓
          小结C
```

图 3-2-5　说明类话语层次图示

那么在听辨说明类话语时，人们也是需要边听边识别主要线索（程序？时间？空间？其他？），并在识别出主要线索的基础上，将线索上的不同节点确立为记忆支点（如图示中的字母），将线索作为记忆的线路，从而在脑中构建说明类话语材料的"脑图"。

(三) 论证类

论证类话语是口译中最常见的话语类型，其结构一般是"提出问题、分析问题、解决问题"，即"论题—论点—论据—结论"或"论题—论证或反论证—结论"。论证类话语的主要特征是：(1) 推理严密，逻辑性较强；(2) 说理客观，事实、数字等论据充分；(3) 结构性强，演绎、归纳、因果、类比、对照等思维模式清晰。

根据话语思维模式，将论证类话语分为顺势和逆势两大类。顺势包括演绎、归纳、因果、类比4种；逆势主要指正反对照类话语。

(四) 联想类

联想类话语不是单独一种话语类型，而是贯穿和横跨叙述类、说明类、论证类三个语类的。表面看起来，这类话语几乎是"想到哪里说到哪里"，毫无规律可循。实际上，联想也是有规律性的，即接近联想、相似联想或对比联想。

接近联想是一种思维方式，将一个经验、事物或事件与在空间上或时间上接近的另一个经验、事物或事件联系起来。它可以通过种属联想和因果联想来实现。种属联想是利用整体与部分之间的关系进行联想。当人看到一个部分时，会自然地想到它所属的整体。例如，当看到一支笔时，人们可能会联想到写字、文具或办公室等整体概念。因果联想是利用事物之间的因果关系进行联想。当人们看到一个事件或事物时，会自动地想到它可能引起的结果或与之相关的因素。例如，当人们看到乌云密布时，会联想到可能下雨或天气转阴等因果关系。

相似联想是指通过特点或性质上的相似之处，将一个经验、事物或事件与另一个经验、事物或事件联系起来。当人们看到一个事物或经验时，会想到与之在某些特点上相似的其他事物或经验。这种相似联想可以帮助人们在新的情境下理解和解决问题。例如，当人们看到一朵盛开的花时，可能会联想到其他种类的花朵、花的香气或美丽的花园等。

对比联想则是通过特点或性质上的对立或相反之处，将一个经验、事物或事件与另一个经验、事物或事件联系起来。当人们看到一个事物或经验时，会想到与之在某些特点上相反的其他事物或经验。这种对比联想可以帮助人们发现事物之间的差异和相似之处，进一步理解和分析。例如，当人们看到一只黑色的乌鸦时，可能会联想到与之相对的白鸦或其他鸟类。

相似联想和对比联想是人类常用的思维方式，它们在认知、创造性思维和比较分析等方面发挥着重要作用。它们可以帮助人们从不同的角度和维度来思考和理解世界，促进思维的灵活性和多样性。相似联想可以帮助人们找到事物之间的相似之处，并建立联系。通过将一个经验、事物或事件与在特点或性质上相似的另一个经验、事物或事件进行比较，人们可以将已有的知识、经验或概念应用到新的情境中，从而加深理解和推理能力。相似联想也是创造性思维的基础之一，它可以激发新的想法和解决问题的创新思路。对比联想则帮助人们发现事物之间的差异和相反之处。通过将一个经验、事物或事件与在特点或性质上相反的另一个经验、事物或事件进行对比，可以更全面地了解事物的特点和关系。对比联想在比较分析、决策制定和问题解决中起着重要作用，它能够帮助人们分析优缺点、权衡利弊，并做出理性的判断。

联想语类在英语和汉语中的出现频率是不同的。由于英语更加强调"形似"，即思维抽象性、逻辑推理的严密性和层次的清晰性，而汉语则注重"神似"，即思维的形象性、意义的朦胧化、意境的优美等，所以相比而言，汉语中联想语类更常见。在实际口译中，译员也深感中国发言者的思维远比西方发言者的思维具有跳跃性和不确定性，因为中国发言者更希望听众能够"意会"。

在联想类话语中，发言者常由一个词语、句子、事物概念、观点或意象等联想到与之接近、相似或相反的另一个词语、句子、事物概念、观点或意象，如图3-2-6 和图 3-2-7 所示。

Chinese township enterprises

↓ (相似联想)

state-owned enterprises

↓ (接近联想)

market-oriented business management mechanism

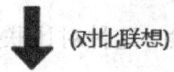

↓ (对比联想)

planned business management mechanism

图 3-2-6 联想类话语的发言联想

```
maglev line
    ↓ (相似联想)
light rail line, subway line...
    ↓ (接近联想)
the improvement of transportation system
    ↓ (对比联想)
the problems (traffic jam, violation of traffic rules...) still remain
```

图 3-2-7　联想类话语的发言联想

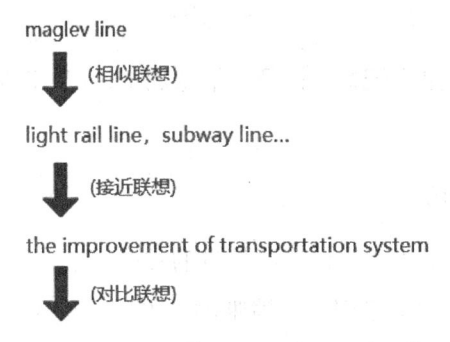

联想类话语结构图示如图 3-2-8 所示。

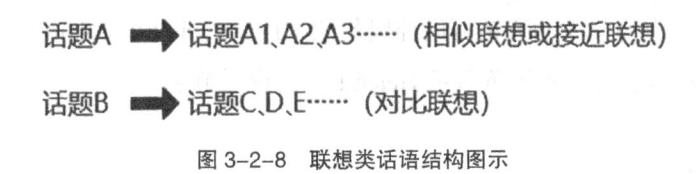

```
话题A  ➡  话题A1、A2、A3……(相似联想或接近联想)
话题B  ➡  话题C、D、E……(对比联想)
```

图 3-2-8　联想类话语结构图示

当然，联想类话语中一般都存在着多种联想，如图 3-2-9 所示。

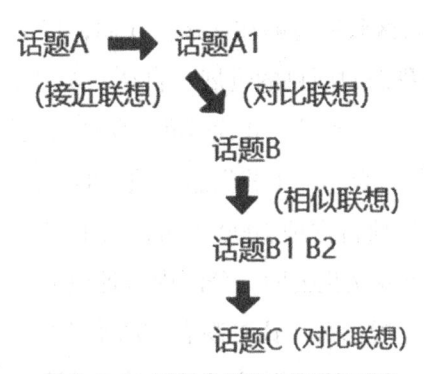

```
话题A  ➡  话题A1
(接近联想)  ↘ (对比联想)
              话题B
                ↓ (相似联想)
              话题B1 B2
                ↓
              话题C (对比联想)
```

图 3-2-9　联想类话语中的联想顺序

对于联想类话语，记忆的关键是及时了解发言者的"联想源"，即是从哪里受到刺激开始联想，并迅速识别联想规律（相似？接近？还是对比？）。这样联想源就是记忆支点，联想规律则成了记忆线。在把握了"联想源"和"联想规律"之后，译员大脑里很容易构筑起该话语的记忆网络，无论如何"联想"，译员都可以紧跟发言脉络，进行有效记忆。

四、记忆技法

记忆技法包括提纲式信息呈现记忆、推理式信息加工记忆、时间空间地点法、视觉化以及有关的辅助记忆技法。

（一）提纲式信息呈现记忆

提纲式记忆主要是指译员边听边构建所听信息的整体框架，即边听边画脑图。译员在听完一段话语后，大脑中会呈现一个清晰的、由记忆点和记忆线构成的提纲或框架。提纲式记忆适用于那些层次感明显、条理性较强的论证类、说明类话语。这是口译中最常见的记忆技法，其实就是人们前面所说的"建立记忆网"或"画脑图"。

下面这段话节选自"上海闵行七宝生态商务区"项目合作的会谈。该项目由上海闵行区政府与澳大利亚钻石山控股集团（Diamond Hill Holdings）合作进行。下面所引用的发言是该集团董事长 Helen Liu 的讲话节选。

【原文】

各位区长，领导：

你们好。

首先，我想感谢闵行区政府能够在此接待我们，特别要感谢几位区长能够在百忙中抽出时间来关照我们的项目的进展。自从几个月前开始有合作意向以来，我们得到了政府的大力支持与帮助，我代表我们集团对此深表谢意。（1）

下面，请允许我再简单介绍一下我们这个项目的概括与最新进展情况。

"七宝生态商务区"项目占地 2000 多亩，其中有 1600 多亩的绿地和公园，其中有我们计划建设的世界文化公园。公园内将种植世界各国的诸多名贵花草树木，其中将建有各国文化展示区，让参观者在欣赏不同风格的绚丽风景的同时，感受到世界文化的神韵。这个商务区是以现代手法设计的，集文化、历史、旅游等特点的现代高档生态商务区，我们的目标就是建立浦西的"陆家嘴"，让这个商务区成为全球 500 强企业驻中国的总部基地。（2）

这个项目是我们集团在上海的第一个项目，人们希望能够将它打造成经典项目。此前，人们在北京做了一个类似的项目，现在看来比较成功。这个项目的项目方案和财务进度表已经得到了闵行区政府的认同，有关拆迁、征地的相关事宜

正在磋商中。(3)

【译文】

Dear district leaders and leaders,

Hello.

First of all, I would like to thank the Minhang District government for the reception of us here, especially to several district heads who are taking time out of their busy schedule to take care of the progress of the project. On behalf of the group, I am very grateful for the strong support and help from the government. (1)

Below, please allow me to give a brief introduction to the summary and the latest progress of this project.

The "Qibao Ecological Business District" project covers an area of more than 2,000 mu, among which there are more than 1,600 mu of green space and parks, including the world cultural park that we plan to build. The park will plant many rare flowers and trees from all over the world, among which there will be a cultural exhibition area of various countries, so that visitors can enjoy the gorgeous scenery of different styles and feel the charm of the world culture. This business district is designed in a modern way, a modern high-grade ecological business district with the characteristics of culture, history and tourism. Our goal is to establish "Lujiazui" in Puxi and make this business district become the headquarters base of global top 500 enterprises in China. (2)

This project is the first project of the People Group in Shanghai, and people hope to make it a classic project. A similar project in Beijing now seems more successful. The project plan and financial schedule of this project have been recognized by the Minhang District government, and the relevant matters related to the demolition and land acquisition are under negotiation. (3)

在这段话语的听辨中，译员需要边听边分析、加工、记录和记忆。那么如何进行加工记忆呢？听语段（1）时，译员通过识别关键信息，切分意群，浓缩关键信息，寻找记忆线等操作，迅速在脑子里整理出提纲，或"脑图"——记忆支点和记忆线组成的记忆网（图3-2-10）。

```
Thks recep

Governors来

区Support
```
图 3-2-10 语段（1）的记忆网

同样，语段（2）可以归纳为记忆网，如图 3-2-11 所示。

```
项目    绿园

        文展

        商楼
```
图 3-2-11 语段（2）的记忆网

语段（3）可以归纳为记忆网，如图 3-2-12 所示。

```
北京    √

上海    ！

        认同

        磋商
```
图 3-2-12 语段（3）的记忆网

上述即为译员边听边进行提纲式加工后的脑图，整个话语经过这样的提纲式加工，层次清晰、易于记忆。实践证明，在真实口译现场，绝大部分译员都会在工作的高度压力下不自觉地构建这样的"脑图"。此外，在脑图的帮助下，译员的记录才能更加有效。

（二）推理式信息加工记忆

推理式记忆是指译员对所听到的话语信息中的大量无明显规律可循的、层次条理杂乱的信息进行加工并寻找记忆线索的记忆技法。在口译现场，译员所听到的发言大部分是脱稿的，其中不乏信息冗余、逻辑紊乱，甚至颠三倒四的情况。

因此，译员需要边听边分析和加工，去粗取精，理顺关系。加工方法主要包括：归类、概括和对比。归类是指译员将听到的性质相同或接近的信息归为一类进行记忆。此处所说的"性质相同"包括：来源接近，方式接近，性质相似，语言符号接近等。归类后的信息组成了大的组块，容易进行短期记忆。

下例节选自2008年7月全球领先的制药、生物技术以及医疗器械研发外包服务公司药明康德与世界上规模最大服务最全面的药物开发服务公司科文斯在中国建立合资企业的新闻发布会。对这段话，便可进行归类记忆。

【原文】Good morning, ladies and gentlemen, distinguished guests and media friends, ① Welcome to the Wuxi PharmaTech and Covance Joint Venture Press Conference. ② It is my great pleasure to announce that Wuxi PharmaTech and Covance will be forming a 50-50 joint venture to provide world-class paraclinical contract research services. ③ As a research-driven and customer-focused company, Wuxi PharmaTech provides pharmaceutical, biotechnology and medical device companies with a broad and integrated portfolio of laboratory and manufacturing services throughout the drug and medical device research and development process. ④ Wuxi PharmaTech's services are designed to assist its global partners in shortening the cycle and lowering the cost of drug and medical device research and development. ⑤ Covance is one of the world's largest and most comprehensive drug development services companies with annual revenues greater than $1.5 billion, global operations in more than 20 countries, and more than 8000 employees worldwide. ⑥ Covance is honored by its world-class expertise and global network, which will allow us to accelerate bringing a full range of paraclinical services to our clients.

【译文】早上好，女士们，先生们，贵宾和媒体朋友，①欢迎来到无锡药明康德和科文斯合资新闻发布会。②我很高兴地宣布，无锡药明康德和科文斯将成立50-50的合资企业，提供世界一流的临床合同研究服务。③作为一家以研究和以客户为中心的公司，药明康德为制药、生物技术和医疗器械公司在整个药物和医疗器械研发过程中提供广泛和综合的实验室和制造服务组合。④药明康德的服务旨在帮助其全球合作伙伴缩短周期和降低药物和医疗设备的研发成本。⑤科文斯是世界上最大和最全面的药物开发服务公司之一，年收入超过15亿美元，在

20多个国家有国际业务，在全球拥有超过8000名员工。⑥科文斯拥有世界级的专业知识和全球网络，这将使我们能够加速提供全方位的临床服务。

经过听辨过程中的加工、归类，①②句可以归为"welcome, 50-50 joint venture"，③④句为"Wuxi integrated services, shorten the cycle and lower the cost"，⑤⑥为"Covance, largest and most comprehensive, expertise and network"。经过归类，原来大量的信息浓缩为几个容易存储和释放的"记忆支点"，从而方便记忆。

概括是指译员将所听到的、零碎的、杂乱的细节归入一个主题的记忆方法，即"给散乱的信息套上套子"，这样记忆组块就会增大。

归类与概括相互联系，归类以概括为前提，只有运用了概括，才能有"类"可归。对比是指译员边听边将获得的信息进行对比分析，寻找相似和差异，即类比和对照，再进行记忆，这样同样增大了记忆的组块。

下例节选自2009年1月举行的德国莱茵TUV全球服务网络上海站启动仪式暨光伏论坛。

【原文】传统的光伏电池是将光电池做成平板，固定在屋顶或墙面，或按最佳方位，用支架排成接收阳光的阵列。"4倍聚光＋跟踪"的光伏发电技术使用光漏斗，这样可以确保在一次反射的条件下，在太阳电池表面上形成均匀光强的分布，而且是通过"跟踪"技术捕捉最强光。传统的光伏电池的优点是结构简单、易加工，缺点是有比较大的余弦损失，每块光电池只接收一倍阳光，利用率太低。使用"聚光＋跟踪"新技术后，设备的建设成本比传统设备高，但是一旦运行，其发电效率明显提高。而且，这一4倍聚光光伏电机的设计，有多重保护装置，有望比平板光伏电池的运转寿命更长。

【译文】Traditional photovoltaic cells are made into flat panels, fixed on the roof or wall, or according to the best orientation, with a bracket to receive the sunlight array. The "4×concentrating +tracking" photovoltaic technology uses a light funnel, which ensures a uniform distribution of light intensity on the surface of the solar cell under a single reflection, and the "tracking" technology is used to capture the strongest light. The advantages of traditional photovoltaic cells are being simple in structure and easy to process, while the disadvantage is that they have a relatively large cosine loss. Each photovoltaic cell only receives one time of the sunlight, and the utilization rate is too low. Using the new "concentrating+tracking" technology, the construction cost of the equipment is higher than that of the traditional equipment, but once operated, its power generation efficiency is significantly improved. Moreover, the four × concentrating photovoltaic motor design, with multiple protection devices, is expected to last longer than flat-panel photovoltaic cells.

在听辨上述话语时，可以边听边分析、比较与归纳，从而得出"脑图"，如图 3-2-13 所示。

电池板： 屋顶板　阵列　　易加工　　效率低　寿命短
新技术： 光漏斗　聚光跟踪　设备成本高　效率高　寿命长

图 3-2-13　上述译文脑图

这样，"屋顶板—光漏斗，阵列—聚光跟踪，易加工—设备成本高，效率低—效率高，寿命短—寿命长"形成反差，易于记忆。

事实上，在记忆和理解语言时，提纲式信息呈现和推理式信息加工是相互关联的。在提纲式信息呈现的过程中，人们通过推理式信息加工将零散的信息整合为一个总体的"提纲"。而推理式信息加工的目的之一就是形成一个整体的提纲，从而更好地理解和记忆话语。因此，可以说，提纲式信息呈现是关注话语整体，而推理式信息加工则关注话语的许多细节部分。只有将这两种信息处理方式结合起来，人们才能实现对话语的思维理解和记忆。这种综合的记忆方式更加深刻且易于提取。

（三）时间、空间、地点法

时间、空间和地点的记忆技法可以用于叙述类和说明类的话语。译员可以将一些关键的时间、空间或地点作为记忆支点，将整个话语串联起来，这样有助于记忆整篇话语。也就是说，译员可以将整个话语视为在几个时间点、空间点或地点之间转换，从而构建一个时间、空间或地点的框架，帮助记忆和理解。这种记忆技法有助于按照话语的逻辑和结构进行组织和回忆。

（四）视觉化

视觉化（或形象化）是指译员将所听到的意义或内容（而非语言形式）迅速

在大脑中形象化的记忆技法。译员通过创造生动的形象、图画或场景等形式来跟踪记忆话语信息。这些生动的形象或场景往往更加深刻，一旦建立，就比较容易保持和提取。视觉化记忆法特别适用于叙述类和说明类的话语，通过将所听信息与形象化的图像联系起来，译员可以更好地记忆和理解所听到的内容。

（五）辅助记忆

在学习和生活中经常用到一些辅助记忆的方法，如路标法、单词法等。将一组熟悉的地点与要记的东西之间建立起联系，主要利用视觉表象，以地点位置作为以后的提取线索。比如译员听到大量话语信息后，迅速将其中主要内容浓缩为提纲或框架，再将其中每个主要意义群赋予一个非常熟悉的地点或位置，最后记忆该话语的框架就如回忆所熟悉的位置一样容易。当然，所使用的位置或地点应该是译员非常熟悉的。例如，可以将一段发言的主要线索中的主要记忆支点，如主要事件、主要观点等和熟悉的从家到单位的路上的主要路标建立联系，如：意义 A——学校，意义 B——公安局，意义 C——公交公司……最终整个话语都在这条线路上了。

单词法是将主要事件、观点等记忆支点的第一个字母放在一起组成一个有意义的单词。此外，人们还可以通过手指、颜色、明星、家人或朋友来辅助记忆，将不同的记忆支点和这些熟悉的人和物建立联系，方便记忆。

然而，必须知道，口译现场记忆不是平时学习中对某些知识的记忆。口译现场供存储的时间较短，译员不可能花很多时间去考虑如何记忆。上述的辅助记忆方法，对不少人来说可能是"累赘"，因为不熟悉这些方法就使用可能会占用太多时间，从而影响了听力理解和信息记录。

记忆方法是译员在大量实践中摸索出来的。实际上，没有一种记忆方法是孤立的，在实际口译中，译员往往是综合调动各种记忆技法灵活记忆的。经过长期实践，每个译员都会建立起适合自己的口译现场记忆策略或机制。

第三节　英汉口译中的记录技能

一、口译信息存储的记录

在口译过程的"听辨—存储—表达"三阶段中，信息存储起着承上启下的重要作用。口译中的信息存储主要有两种方式：记忆存储和记录存储。

记忆存储指译员对所获得信息进行思维加工，并将之储存于大脑记忆中的信息存储方式。记录存储指译员通过字、词、缩略语等简便的语言符号及各种非语言符号对所获得的信息进行要点记录的信息存储方式。鲍刚给口译记录所作的定义为：译员在口译现场通过一定的职业化手段，迅速地通过整理源语思维线路来标定源语内容、关键词语和译语搜觅与组织工作的"提示性"笔记，它是即席口译理解和口译记忆的继续，而并非一种旨在长期保留信息的纯粹记录性质的笔记。[①]口译的记录只是对译员短期记忆或中期记忆的提示性补充，它不能完全取代译员的记忆功能，而是作为某种"路标"起到"记忆启动"的作用。

记忆和记录两种信息存储方式在口译中的地位、功能并不相同。

记忆存储是任何类型的口译所必须采用的。无论是生活陪同口译，还是会议交替传译或者会议同声传译，记忆都是译员进行口译所必备的一环。而记录只适用于单凭记忆无法有效存储信息的口译场合中，如源语较长、信息较多，尤其是非冗余性的数字、专有名词等信息较多时，或者译员因为疲劳等记忆达到极限或记忆精力不足时。在一般需要做记录的长交替传译中，记忆存储与记录存储几乎同时进行，或者记忆稍稍先于记录。译员在获得信息的瞬间便对信息进行加工、记忆并辅以记录。如果没有对所获信息进行思维分析和记忆，记录无法进行；单靠大脑记忆而不进行记录，译员脑力可能会受到极大考验而"吃不消"。

所以，记录的过程包含了理解、分析和记忆的过程，并进一步促进译员对话语的理解、分析和记忆。因此，记忆是前提、是核心，记录是形式、是补充。记录不是目的，只是方式；记录是为了更好地记忆。

---

① 鲍刚. 口译理论概述 [M]. 北京：中国对外翻译出版公司，2005.

从信息存储的内容来看，记忆一般负责存储话语的框架、要点以及话语内部的逻辑关系，即对所听话语构建"脑图"；而记录的内容不仅包括构建好的"脑图"简化形式，还包括一些容易占去大脑记忆空间的细节，如数字、专有名词、并列成分等。一般来说，记忆主要存储话语的"骨架"，记录存储话语的"血肉"。

记忆与记录——脑记和笔记，在具体口译活动中的运用是一个动态过程，二者使用的情况与口译活动特征、译员认知特征、译员现场精力状况等都有关系。对篇幅较短、信息冗余性强（新信息较少）、细节较少的话语，译员可能更倾向于脑记，话语信息较多且较琐碎时，译员更多地进行笔记，对所译主题较为熟悉时，译员可以适当使用笔记减轻记忆负担，而当主题比较生疏，译员必须集中精力听辨时，脑记由于对译员的分心要求较低而更常被采用；进行旅游陪同等一般性口译时，译员主要采用脑记，而在外交谈判等重大口译时，笔记发挥重要作用；口译活动刚开始时，译员的脑力较好，脑记占上风，而当译员经过长时间口译工作，大脑精力不足时，笔记成为脑记的有力帮手；刚刚从事口译工作的译员可能更多使用笔记，而富有经验的译员更常依赖脑记。因此，何时脑记、何时笔记，多少用脑记、多少用笔记因人而异、因时而异、因地而异。译员口译的过程就是译员不断调节、平衡"脑记与笔记"地位的过程，是译员将所获信息在"脑记和笔记"中进行合理分配的过程。

下面举例说明记忆、记录在口译信息存储中的"弹性角色"。

【原文】GE is a diversified technology, manufacturing and services company committed to achieving worldwide leadership in each of our 12 businesses. We have a long and proud history of doing business with China. As early as 1910, GE began to develop trade with China and was considered one of the most active and influential foreign enterprises in China. GE activities included not only product sales, but also manufacturing of light bulbs and investment in power plants. In 1917, GE installed two stream turbines on Chongming Island at the mouth of the Yangtze River. When these machines were finally retired in 1992 after 75 years of service, they were believed to be the oldest operating units in the world.

【译文】通用电气是一家多元化的技术、制造和服务公司，致力于在我们的12种业务中取得全球领先地位。我们与中国做生意有着悠久而自豪的历史。早在

1910年，通用电气就开始发展与中国的贸易，被认为是在中国最活跃、最具影响力的外国企业之一。通用电气的活动不仅包括产品销售，还包括灯泡的制造和投资发电厂。在 1917 年。通用电气在长江口的崇明岛安装了两台河流涡轮机。当这些机器在服役 75 年后，最终在 1992 年退役时，它们被认为是世界上最古老的操作设备。

二、记录准备

在口译教学中，记忆教学要先于记录教学。进行记录教学前，人们一般要安排一定的准备性技能训练。这里的记录准备就是指一名口译学员掌握口译记录技能前所需进行的各种准备性技能训练。

口译记录的准备性技能训练可以分为三大部分：信息听辨、信息加工、分心协调。而这三大部分又包含若干技能训练，如表 3-3-1 所示。

表 3-3-1　口译记录的准备性技能训练分类

记录的准备	所需技能及本丛书相应技能训练章节
信息听辨	语音解码（音流听辨）
	语义解码 1（联想、预测、推断）
	语义解码 2（语言意义分离）
	语义解码 3（释义）
信息加工	语义加工 1（意群切分）
	语义加工 2（关键信息识别）
	语义加工 3（关键信息浓缩）
	语义加工 4（话语分析）
	语义加工 5（记忆：记忆网构建或脑图构建）
	语义加工 6（信息概述、复述、逻辑重组）

（续表）

记录的准备	所需技能及本丛书相应技能训练章节
分心协调	手脑协调1（双重任务训练）
	手脑协调2（多重任务训练）

在这三大部分中，信息听辨是前提，信息加工是核心，分心协调是辅助。

三、记录技法

（一）记录原则及常见误区

1. 记录的原则

（1）口译的记录是为了辅助口译信息的存储，是为了补充大脑短期记忆力和耐久力的不足，即为了更好地记忆，所以记录只是给记忆作的一种提示，是方式，不是目的。任何记录都只是为了帮助译员更好地理解、记忆信息。

（2）记录技法等因人而异，没有绝对的记录模式，但一般来说口译记录又存在一定的共性。所以每个译员的记录模式是在参考一些记录模式基础上，经过自己长期实践、发展丰富起来的具有鲜明个性的模式。

（3）在学习口译记录前，学员应该已经经过了信息听辨、信息加工和信息记忆的大量训练，学会了积极地听辨分析。听辨、加工、记忆意义而非语言形式。

（4）记录是在对信息理解和加工基础上进行的，没有对所获信息的理解几乎无法记录，而没有对信息的加工也无法有效记录。记录其实是大脑思维对信息加工结果——脑图，在记录纸上的反映。话语的要点，意群间的逻辑关系等应该在笔记中清晰可见。

（5）记录的内容不是孤立的字词，而是被理解和加工过的意群，即记录意义而非语言，记录所用的语言或符号只是表达意义的外壳。

（6）一般而言，记录的内容由三部分构成：源语字词（所听到的语言）+目标语字词（要翻译成的语言）+符号。通常情况下，译员的笔记中最多的是所听到的语言的字词，其次是要翻译成的语言的字词，再次就是表达不同意义的符号。三部分所占比例因人而异，因语境而异。

（7）记录中所用的各种缩写、符号等只是为了辅助记忆，无须过于复杂烦琐，不应滥用符号，而应在实践中逐步建立起适合译员自己的简便、高效、清晰的笔记缩写和符号系统。

2. 口译记录的常见误区

（1）盲目夸大笔记的地位，认为口译记录是口译的根本，只要学会了记录，口译就学会了一半。

（2）将记录看作是口译训练的第一步，没有任何信息听辨、信息加工和分心协调训练作为准备，直接开始记录，结果无法记录或无法有效记录。

（3）口译记录是速记（shorthand）。

（4）口译记录拥有固定的模式和系统，只要认真学习模仿，便可以万无一失。

（5）在口译记录时将精力都集中到记录上，不用对信息进行加工。

（6）听到什么记什么，记录语言、词汇等。

（7）口译记录就是将听到的字词用最简单的缩写或符号替代，因此记录使用的符号掌握得越多，记录效率越高。

（8）记录内容越多越好。

（二）记录格式

1. 整体框架

译员记录本大小约为 20cm×15cm。一般能够上下（竖向）翻阅而不是左右（横向）翻阅，因为这样更利于在站立口译时翻阅。在站立口译时，译员右手记笔记并作竖向翻页的主要动作，左手持本，左手食指卡在译员开始记录时所翻过的那一页，左手拇指配合左手食指"夹"那些翻过的页数，左手其余指头与左手手掌配合支撑住笔记本。而且，只在纸的正面记录，避免在反面记录。这种工作方式的原则是简化手运动，尽量让这种运动呈单向、正面方向运作，并减少"精细"动作控制或"调整""修正"动作控制，使之程序化、自动化，更好地顺从手、笔的运动特点，方便记录。

记录本记录页的安排形式（图 3-3-1）可以分为以下几种。

（1）中间画条竖线，先从左边记，记完再转右边。

（2）中间没有竖线，左边留出一定空间，用于记录反映语篇结构层次的一些连接词，如 if、but 等。

（3）中间没有竖线，右边留出一定空间，用于备注，如补充遗漏或注释等。

（4）中间没有竖线，左右各有一定空间，即（2）和（3）的融合。

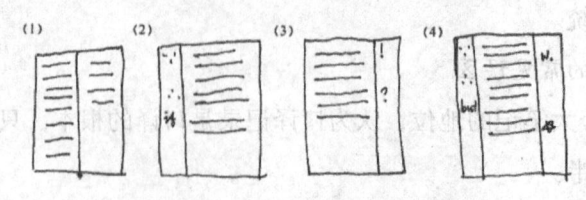

图 3-3-1　记录本记录页的安排形式

记录内容的总体安排一般遵循下面几个原则。

（1）纵向发展。笔记的整体结构一般呈纵向往页面下方发展，而非横向往页面右侧发展。其中每个单元内部呈右下发展趋势，每行一般只记录一个意群，常是半句到一句的内容，换行纵向进行。纵向记录比横向记录更容易体现话语的逻辑结构，也符合人们的视阅习惯。

（2）对齐罗列。处于并列地位的意群一般采用左对齐的罗列法记录。

（3）阶梯缩进。除并列成分外，笔记每行的左边起点一般要根据笔记内容的层次进行相对缩进，以凸显所记内容的层次性。一般来说重要的总述性、结论性内容或主题从最左边开始记录，并列的（层次或地位相似的）内容左对齐，偏正或分述的内容比上一行向右缩进，进一步偏正或分述的内容再次向右相对缩进，一般以3～5行为一个单元，即每3～5行结束后就再从左边起行。

（4）分隔清晰。一般每行只记录一个小意群，若干意群或一个相对独立的单元记录结束后（通常为3～5行），或者发生话题转换时，通常画一条横线作为该单元和下面单元的分割线或用 # 标示。

以下面一篇短文为例：

People often think that water will never be used up. There is plenty of water in the rivers and wells. It seems as if water is always available around us. We never have to worry about water shortage. In fact, water is rather limited on the earth. With the rapid increase of population, water is more needed than before. At the same time, a large amount of water has been polluted and wasted everyday. Some big cities in China are facing the problem of water shortage already. What should we do about the water shortage? Firstly, the people should be made aware of the real situation about the water.

Secondly, certain law should be made that no water will be polluted. In this way I believe that our cities will not be thirsty for water in the future.（人们常常认为水永远不会用完。河流和水井里有大量的水。似乎人们周围总是有水的。人们永远不用担心缺水。事实上，地球上的水是相当有限的。随着人口的快速增长，人们比以前更需要水。与此同时，每天都有大量的水被污染和浪费。中国的一些大城市已经面临着缺水的问题。我们应该如何解决水资源短缺？首先，要让人们了解关于水的实际情况，其次，要制定一些不污染水的法律。这样一来，我相信我们的城市将来就不会渴望水了。）

2. 内部结构

口译记录的内容包含两大主要关系：并列和偏正。任何笔记内容，无论是意群内还是意群间的内容，都可以归纳为这两大关系。

（1）并列关系

并列关系指地位、性质相当的成分，包括句子内部词语的罗列、句子的罗列，也包括词或句子的排序、类比、对比或转折等。词语的并列左对齐竖直记录，可以用大括号括起，句间的并列通过竖直的左对齐来标示。

①词语并列（图3-3-2）

On weekends, people in Shanghai often visit the attractions such as Oriental Pearl Tower, Shanghai Bund, Shanghai Wildlife Zoo and the Century Park.（在周末，上海的人们经常会参观诸如东方明珠塔、上海外滩、上海野生动物园和世纪公园等景点。）

{
东方明珠塔
上海外滩
上海野生动物园
世纪公园
}

图 3-3-2　词语并列

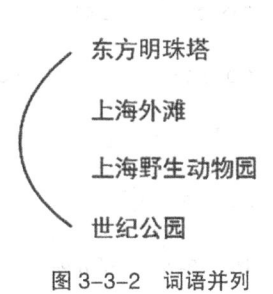

②短语并列（图3-3-3）

To survive in big cities, one must be brave enough to face all kinds of challenges, enterprising enough to conquer whatever comes, and diligent enough to keep himself well-trained.（要想在大城市生存，一个人必须有足够的勇气面对各种挑战，足够的进取心以征服一切，足够的勤奋以保持良好的训练。）

```
        brave enough
    ⎫        ↑
    ⎬      conquer
    ⎭
       diligent √ train
```

图 3-3-3　短语并列

③句子并列（图 3-3-4）

When summer holiday comes, the middle school students are making different plans for their golden period in different ways. Some choose to tour to relax themselves; some may find themselves taking different courses to improve their abilities; still some just make full use of the days to prepare for a certain test. Some brave guys have even planned to cycle around China, which is really a challenge given their age and the harsh weather conditions.（当暑假到来的时候，中学生们正在以不同的方式为他们的黄金时期制定不同的计划。有些人选择旅游放松；有些人可能会发现自己参加不同的课程来提高自己的能力；但有些人只是充分利用这些日子为自己的某项考试做准备。一些勇敢的人甚至计划骑自行车环游中国，考虑到他们的年龄和恶劣的天气条件，这真的是一个挑战。）

```
⎛  tour    relax
⎜  course  abilities
⎜  full    test
⎝  cycle   中
```

图 3-3-4　句子并列

④对比（转折）（图 3-3-5）

Some cities are crazy about economic development or GDP growth. However, they find they have to spend more than what they earn to clean up the pollution done in the economic development.（一些城市热衷于经济发展或GDP增长。然而，他们发现他们必须花费比他们的收入更多的钱来清理经济发展中的污染。）

```
        city   ! eco
       (
        \    GDP

       //  >  $ 污
```

图 3-3-5　对比

（2）偏正关系

偏正关系指除各成分间除并列关系外的"一偏一正"的关系，包括因果、目的、让步、假设、条件总分（演绎）、分总（归纳）、联想等。这种偏正关系既可以用箭头标示出，也可以通过向右缩进来表示。这时，意群间的关系以层次性的阶梯结构标示。

①因果（图 3-3-6）

Many youngsters have been so addicted to Internet games that some of them even skip classes for them.（许多年轻人沉迷于网络游戏，有些人甚至逃过课）

```
    young
      沉迷 game
           ↘ skip  class
```

图 3-3-6　因果

②假设或条件（图 3-3-7、图 3-3-8）

There may be a surge in AIDS cases unless the government curbs the rapid spread of the virus among the migrant workers.（除非政府控制病毒在农民工中的迅速传播，否则艾滋病病例可能会激增。）

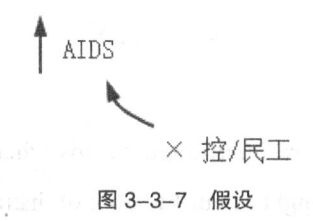

```
        ↑ AIDS
          ↖
         × 控/民工
```

图 3-3-7　假设

When we hear the news of bombings in Iraq, when we read about shootings in the US, when we see African refugees starved to death, we could not help feeling proud of living in peace in China.（当我们听到伊拉克爆炸事件的消息，当我们读到美国的枪击事件，当我们看到非洲难民饿死时，我们不禁为在中国的和平生活而感到自豪。）

```
      ┌ 伊  bomb
      │ 美  shoot
      └ 非  starve
              ↘
                proud  中
```

图 3-3-8　条件

③总分（图 3-3-9）

The local government is helping the farmers by offering them the latest information, helping them to get a bank loan and giving them occupational training.（当地政府正在通过提供最新的信息帮助农民，帮助他们获得银行贷款，并为他们提供职业培训。）

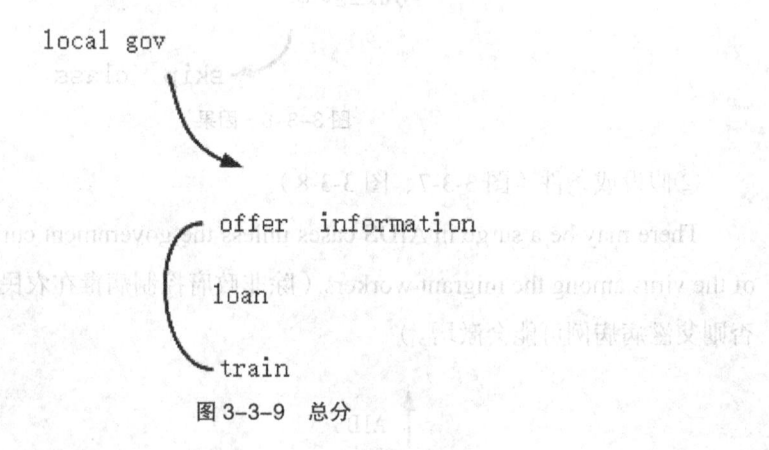

```
        local gov
            ↓
      ┌ offer information
      │ loan
      └ train
```

图 3-3-9　总分

④联想（图 3-3-10）

It often happens that we are interrupted by ads when we are absorbed in a TV program. Marketization has brought to our life a lot of distractions, even problems! The best solution is the establishment of a sound legal system.（当人们沉迷于一个电视节目时，人们经常会被广告打断。市场营销给人们的生活带来了很多干扰，甚至是问题！最好的解决办法是建立一个健全的法律制度。）

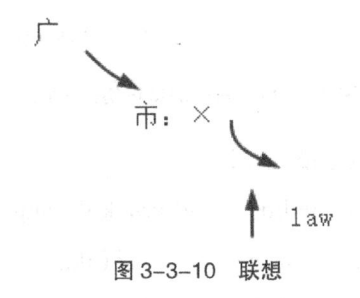

```
广 ↘
   市：×↘
          ↑ law
```

图 3-3-10　联想

3. 句子层面的结构关系

下面从句子内部和句子之间两个角度看一下结构关系。

（1）句子内部

一个句子内部承载较多信息的通常是主语、宾语或补语。句子内部的主语群可能为并列，宾语或补语群也可能是并列，左对齐竖直记录。句内的主宾或主补等既可用阶梯式结构记录或用箭头来连接，也可水平横向记录，视个人习惯和具体笔记内容而定。因此，几乎所有的句子的笔记格式可归为以下4种（图 3-3-11）。

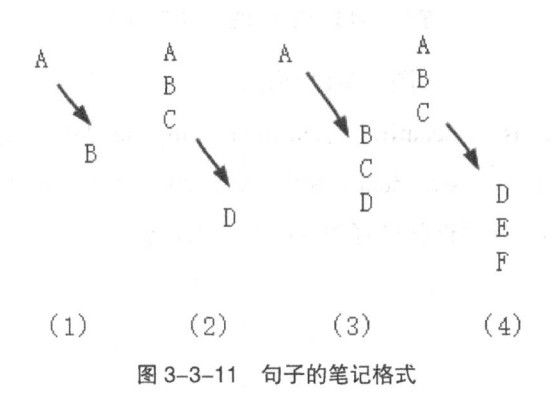

```
A ↘         A           A ↘         A
    B       B               B           B
            C               C           C ↘
                                D           D
                                            E
                                            F
(1)        (2)         (3)         (4)
```

图 3-3-11　句子的笔记格式

其中句子的笔记格式（1）如图 3-3-12 所示。

Exam-oriented education fails to turn out the talents capable of meeting the challenges presented by the globalization trend.（应试教育未能培养出能够应对全球化趋势所带来挑战的人才。）

```
                Exam-oriented education fails
                              ↓
                    ×    globalization    challenge
```

图 3-3-12　句子的笔记格式（1）

如图 3-3-13 为句子的笔记格式（2）。

Weather conditions, road conditions, and drunk driving are all responsible for the sharp increase in traffic accidents in the city.（天气状况、道路状况和酒后驾驶都是造成该城市交通事故急剧增加的原因。）

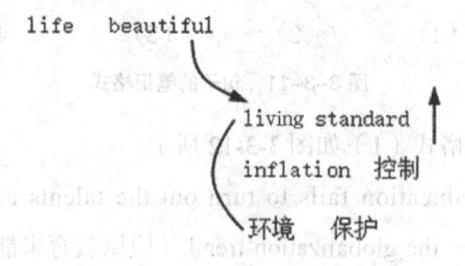

```
        天气
        道路
        酒后
              ↘
                城市交通事故  ↑
```

图 3-3-13　句子的笔记格式（2）

句子的笔记格式（3）如图 3-3-14 所示。

People feel life is so beautiful when their living standard keeps rising, inflation kept under control, and environment is well protected.（当人们的生活水平不断上升，通货膨胀得到控制，环境得到良好的保护时，人们就会觉得生活是如此的美好。）

```
        life    beautiful
              ↘
                living standard     ↑
                inflation    控制
                环境    保护
```

图 3-3-14　句子的笔记格式（3）

句子的笔记格式（4）如图 3-3-15 所示。

Rapid increase of population and the living standard here is fueling the demand of banks, restaurants and entertainment centers.（这里人口和生活水平的快速增长推动了银行、餐馆和娱乐中心的需求。）

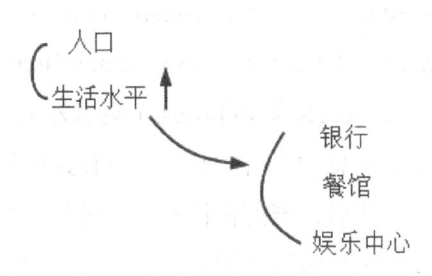

图 3-3-15　句子的笔记格式（4）

（2）句子之间

口译记录中的句间关系主要分为下列两大种：并列（列举、排序、类比、对比）和偏正（总—分，分—总，因果、目的、让步、条件或假设、联想等）。并列结构特点为左边对齐、竖直排列，每个并列意群中记录少量浓缩后的单位——记忆支点。偏正结构特点为通过缩进的阶梯式结构加上适当的箭头或关联词来凸显其逻辑关系，同样每个意群中记录少量记忆支点。

①并列结构

A. 列举（图 3-3-16）

The company made a profit of 10 million US dollars last year. Besides, it has also recruited from abroad three cutting edge managers. What is more, it has established cooperative partnership with two multinational companies.（该公司去年盈利了 1000 万美元。此外，它还从国外招聘了三位尖端经理。此外，它还与两家跨国公司建立了合作伙伴关系。）

图 3-3-16　列举

B. 排序（此处仅以按程序排序为例，其他类似）（图 3-3-17）

The first step in attracting foreign investment is to establish some platforms on which potential investors may get investment information. Next, some of the property investment analysis should be offered on the platforms for investors to consider. And then when the potential investors come on an investigation tour, a contact negotiation or conference should be prepared. The last step, also the most important one, is to impress them and move them to make a decision to invest.（吸引外国投资的第一步是建立一些潜在投资者可以获取投资信息的平台。其次，应在这些平台上提供一些房地产投资分析，供投资者考虑。然后，当潜在投资者来进行考察时，应该准备一次联系谈判或会议。最后一步，也是最重要的一步，是给他们留下深刻印象，让他们做出投资的决定。）

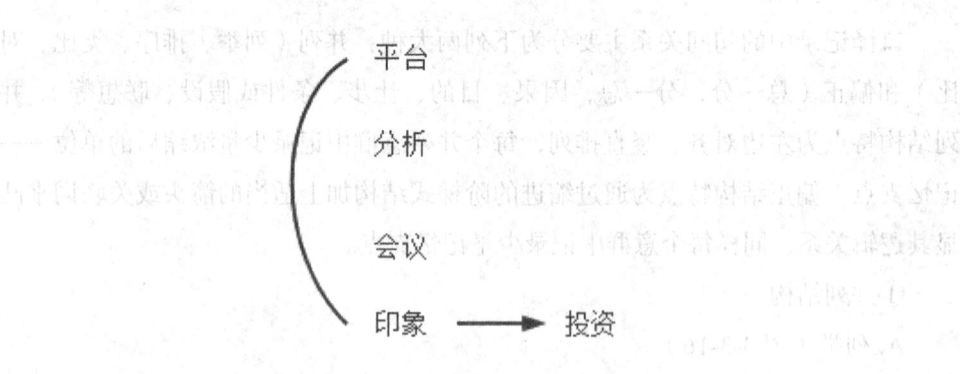

```
    ⎧  平台
    ⎪
    ⎨  分析
    ⎪
    ⎪  会议
    ⎩  印象 ——→ 投资
```

图 3-3-17 排序

C. 类比（图 3-3-18）

People's addiction to Internet is much similar to drug addiction. When one gets addicted to Internet, he can never forget about it. Whenever addicted, one will make every attempt to enjoy it at whatever cost. The addiction, whenever developed, is hard to get rid of.（人们对网络的上瘾与吸毒成瘾非常相似。当一个人沉迷于网络时，他永远不会忘记它。无论何时上瘾，人们都会不惜一切代价去享受它。上瘾，无论何时发展起来，都很难摆脱。）

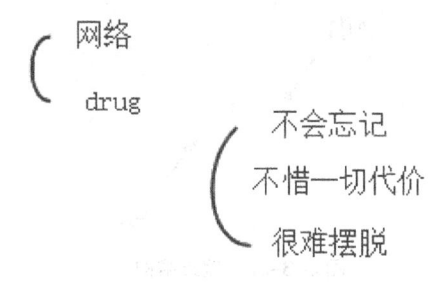

```
    ⎧ 网络
    ⎨
    ⎩ drug
              ⎧ 不会忘记
              ⎨ 不惜一切代价
              ⎩ 很难摆脱
```

图 3-3-18 类比

D. 对比（图 3-3-19）

The university has increased its doctoral programmers to 48 and has ranked No.21 among all colleges and universities in China. It has also been chosen as the only university in the city to be under cooperative construction of the central government and local government. However, the university still finds it hard to quench talent-thirst. Still some of the teaching facilities need to be updated and Internet center is yet to be built.（该校已将其博士程序员增加到48人，在中国所有高校中排名第21位。它还被选为该市唯一一所由中央政府和地方政府合作建设的大学。然而，大学仍然发现很难满足对人才的渴望。还有一些教学设施需要更新，互联网中心也没有建成。）

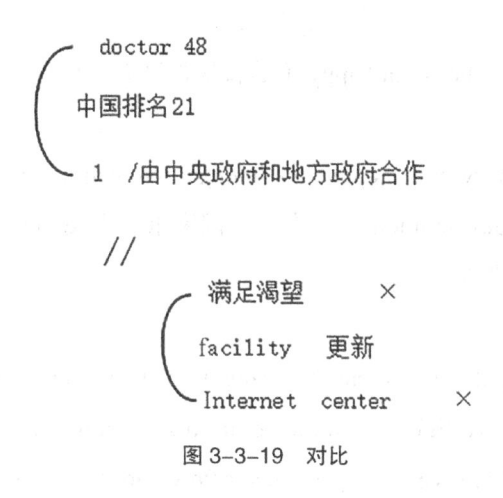

```
    ⎧ doctor 48
    ⎨ 中国排名 21
    ⎩ 1 /由中央政府和地方政府合作

          //

          ⎧ 满足渴望      ×
          ⎨ facility    更新
          ⎩ Internet center   ×
```

图 3-3-19 对比

②偏正结构

偏正结构包括因果、目的、让步、条件或假设、联想（以两句为例，超过两句的又归为总—分或分—总）（图 3-3-20）。

```
        句1
         ↓
         或
         ↑
        句2
```

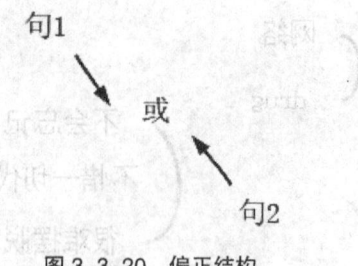

图 3-3-20 偏正结构

A. 因果

The United States finds itself in the awkward situation of being unable to get many of its inventions out of the laboratories. A lot comes down to a simple problem of funding.（美国发现自己处于一个尴尬的境地，无法从实验室中获得许多发明。这在很大程度上可以归结为一个简单的资金问题。）

B. 目的

In order to ease the pressure of economic growth on energy supply, the government is formulating encouraging policies in energy investment, energy development and application.（为了缓解经济增长对能源供应的压力，该政府正在制定有关能源投资、能源开发和应用的鼓励政策。）

C. 让步

Though he is rich, he is not happy.（尽管他很富有，但他并不幸福。）

D. 条件

Only when a country puts its people's interest first, can it enjoy a sound, rapid and sustainable economic development.（只有一个国家重视人民的利益，才能得到健康、快速、可持续的经济发展。）

E. 总—分

Shanghai municipal government is sparing no pains to improve the city's transport system. Several subway lines are under planning or construction. A new railway station was completed to diverge the passenger flow and the middle ring road has been completed to ease the traffic jam in downtown areas.（上海市政府正在全力以赴改善这个城市的交通系统。有几条地铁线路正在规划或建设中。一个新的火车站已经完成，以分流客流，中环路已经完成，以缓解市区的交通堵塞。）

F. 分—总

Several subway lines are under planning or construction. A new railway station was completed to diverge the passenger flow and the middle ring road has been completed to ease the traffic jam in downtown areas. The improvement in transportation system not only benefits city residents, but more importantly, helps attract foreign investment.（有几条地铁线路正在规划或建设中。一个新的火车站已经完成，以分流客流，中环路已经完成，以缓解市区的交通堵塞。交通系统的改善不仅有利于城市居民，更重要的是，有助于吸引外资。）

G. 联想

It is my second visit to this famous university, one that equals the Stanford in my country. Thirty years ago, I came at the invitation of my Chinese friend Mr. Wang, who I met at an international seminar. That is a seminar on international relations, but it was later proved to be a seminar on my relationship with China. China, as I know, is a great nation with vast land and long history of civilization.（这是我第二次访问这所著名的大学，它相当于我国的斯坦福大学。三十年前，我是受到中国朋友王先生的邀请，他是我在一次国际研讨会上认识的。那是一个关于国际关系的研讨会，但后来被证明是一个关于我与中国关系的研讨会。据我所知，中国是一个有着广阔土地和悠久文明历史的伟大国家。）

（三）记录内容

口译记录记的是意义而非语言形式。口译记录应该是译员对于所听材料的思维理解在记录纸上的反映，是脑图的现实化。译员在接收信息后，迅速理解意义并进行加工，即迅速切分意群、识别关键信息，并将之浓缩为容易记忆或记录的字词、缩写字词、符号等，再加以记录。应该以意群为单位进行记录，不可能记录意群里的大部分字词，而只能记录数量极少的最容易启动关于这一意群记忆的简写词或符号，即记忆支点。口译记录中最关键的是要记录体现语篇意义和思想、勾勒发言者发言思路脉络的主题词，即和主题紧密相关、和语篇意义相连的词，这类内容定义可以具体分为下述两种：记忆点和记忆线。那么具体要记录哪些呢？

口译中一般要记录的内容主要包括以下几点。

（1）记忆支点。即浓缩后的意群或关键词语，可能是一个词或符号等。

（2）记忆线。即标示不同记忆支点或意群间的"因果"关系的线索，这些记忆线可以以符号（箭头等）标示，也可以以缩写的连接词标示。

（3）列举类内容。由于列举通常包含很多细节，列举过多容易增加记忆负担，不如做记录。

（4）数字。这里的数字不是单纯的数字，是和意义结合的数字，即数字和数字表示的内容。

（5）专有名词。如人名、头衔、地名、机构名、会议名、产品名等。

（6）专业词汇。如医学、法律、机械、电子、化工等领域的专业术语。

（四）记录工具

口译笔记中一般包含两种语言，即源语言和目标语的语汇或缩写，加上适量的符号。比如在英汉口译中，译员既可以用中文也可以用英文做记录。一般来说，译员更多地以所听到的语言进行记录，这样可以省去语言转换的时间，从而集中更多精力在听辨上。然而有人喜欢尽量多地用目标语记录，这样节省了表达时语言转换的时间，表达用语就有了进一步修饰和改进的可能性。记录中，这种语言的选择是基于大量实践才能作出的。缩写、简写是记录时常用的策略。缩写、简写的方法因人而异，有人习惯记录词语的前几个字母，如将"challenge"记作"chall"；有人喜欢记录词语中的辅音字母，如将"investment"记作"invst"；还有人可能习惯英汉缩写相结合，如将"市场经济"记作"市 eco"。

除了几种语言符号及其缩写形式外，译员还常使用一些数学符号、数字符号、标点符号、单位符号等特殊符号。这些符号代表着译员自己熟知的概念或意义。符号一般要遵循简单、易记易辨认的原则，切忌追求开发太广的符号体系，切忌使用容易引起混淆的符号，也不宜在口译现场临时创作符号。对某一译员来说，他应当在大量口译实践中逐渐建立起稳固的、有自己特色的、为自己熟知的、简便高效的记录符号系统。我国口译学者昌国军归纳了口译笔记符号的主要特征：（1）私约性，"译员"自己看明白，并非约定俗成；（2）先觉性，即译员预先已有一套个人较为固定的符号体系；（3）随机性，即口译符号的所指必然会因交际环境、语境不同而有所不同，所谓"固定"只是相对而言；（4）简约性，即符号尽量少而简。

下面是口译记录比较常用的一些记录符号。

1. 使用数学符号

＞超过、优于、大于、多于、程度重于等（surpass, exceed, outpace, superior to, more than, etc.）.

向前看，展望未来（look to the future, etc.）

期待（look forward to, etc.）

＜劣于、小于、少于、程度轻于等（inferior to, less than, etc.）

回顾（review or look back to the past, etc.）

＝等于、相当于、类似于等（equal to, the same as, similar to, etc.）

即、意味着（that is, mean, etc.）

≈大约、大概等（about, approximate, almost, nearly, etc.）

≠不等于、不同于、差异等（unequal to, not the same as, difference, disparity, etc.）

不意味（not to mean, etc.）

＞＞程度越来越重，数量越来越多（more and more, etc.）

＜＜程度越来越轻，数量越来越少（less and less, etc.）

＞＜争议、冲突、对峙战争等（dispute, conflict, confrontation, war, etc.）

＋和，加上等（and, plus, etc.）

此外等（besides, moreover, what's more, furthermore, etc.）

正确、好等（correct, good, etc.）

－除去、减去等（minus, deduct, etc.）

除了等（except, etc.）

差、弱等（bad, weak, etc.）

＋＋越来越好，越来越强（better, stronger, etc.）

非常好，非常强（very good, very strong, etc.）

－－越来越差，越来越弱（worse, weaker, etc.）

非常差，非常弱（very bad, very weak, etc.）

√对的，好的，积极的，有利的，肯定的等（correct, good, positive, beneficial, affirmative, etc.）

赞成，同意等（approve, agree, etc.）

表肯定，如"成果、进展、成就"等（progress, achievement, etc.）

×错的、坏的、消极的、有害的、否定的等（wrong, bad, negative, harmful, etc.）

反对等（be against, etc.）

表否定，如"落后、不足、问题、失败"等（lack, problem, failure, etc.）

表否定，如"不，无法"等（not, fail to, etc.）

√√越来越好、越来越强等（better, stronger, etc.）

非常好、非常强等（very good, very strong, etc.）

××越来越差、越来越弱等（worse, weaker, etc.）

非常差、非常弱等（very bad, very weak, etc.）

∵因为、由于、幸亏等（because, for, as, due to, owning to, thanks to, etc.）

∴因此、所以、结果等（so, thus, therefore, consequently, as a result, etc.）

代替（replace, etc.）

而不是（instead of, etc.）

⌣交流、沟通等（exchange, communicate, etc.）

∈属于、归于等（belong to, fall under the category of, etc.）

π政治、政策（读音接近）（politics, policy, etc.）

2. 使用标点符号

？怀疑、疑问、问题等（doubt, question, problem, etc.）

：表示信息来源，后接要表达的内容，如某人或某机构"表示、指出、表明、揭示、声明、认为、评论、要求、呼吁"等（think, speak, point out, note, demonstrate, express, reveal, state, require, comment, remark, etc.）

！对程度的强调，非常、特别等（very, extremely, terribly, etc.）

重点、关键、核心等（key, priority, core, vital, etc.）

惊讶（surprise）

提醒警告、危险等（remind, warn, dangerous, etc.）

…数量多（many, a large number of, etc.）

等等（etc.）

表示程度减弱或缓和（not so, less, less and less, etc.）

— 画在所记内容下方，表强调或程度加强，线条越多表示程度越强（emphasis, priority, etc.）

3. 使用异形符号（可由个人扩充丰富，但不宜过多过繁）

⌣ 或者 v（笑脸）表示高兴、喜悦、荣幸等（happy, honor, etc.）

∧ 表示失望、悲伤、沮丧、颓废等（disappointed, melancholy, sad, depressed, frustrated, etc.）

□表示国家、民族（country, state, nation, republic, union, etc.）

⊙ 表示国内（domestic）

表示会、聚会、会议（meeting, panel, gather-together, conference, assembly, fair, expo, seminar, symposium, forum, summit, etc.）；协会、联合会、基金会等（association, federation, fund, etc.）

O·表示国外、海外等（abroad, overseas, foreign, etc.）

⊖→ 表示出口（export）

⊖— 表示进口（import）

表示全部、所有等（all, whole, etc.）

□/□表示两国之间（between the two countries）

⊖ 表示世界、国际、全球等（worldwide, international, global, etc.）

° 字母或汉字右上方小圆圈表示"人"，如企业家（企°）、economist（eco°）等。

⋔（如同主持人的椅子）主持会议（chair, moderate, preside over, etc.）

⋔° 会议主持人、主席（chairman, president, etc.）

∞ 接触、合作、团结等（contact, cooperation, solidarity, etc.）

U形同酒杯，联想到举杯祝贺，用以表示"协议、协定、合同、条约、决议"等（agreement, treaty, contract, compact, convention, resolution, etc.）

∧ 常和其他意义结合使用，意为above or over；也表示"凌驾、优越、先进、高高在上"等意义，如领导（leader, head, etc.），如市领导（city ∧）

V 常和其他意义结合使用，意为beneath or under；也表示"自卑、落后"等意义。还可表示"胜利、成功、成就"等（victory, achievement, success, etc.）

△表示城市、都市（city, urban, etc.）；代表（represent, representative）

▽表示农村、乡村（village, rural, country, etc.）

$ 表示美元、钱、资本、资金、价格、金融、财经、富裕的、繁荣的等（dollar, money, capital, fund, price, finance, rich, prosperous, etc.）

⊥表示分歧、差异等（disagreement, difference, disparity, etc.）

⊗表示结束、停止、完成等（halt, stop, complete, etc.）

／表示取消、去除（delete, cancel）；解决（solve）

☆重点、突出、杰出、成就伟大等；表示褒义强调的各种形容词，如 significant, vital; decisive, influential; outstanding, distinguished, extraordinary, magnificent; chief, dominant; wonderful, etc.

& 和、加上（and, add, plus）

@ 在、位于（situated, located, etc.）

≡ 决心、毅力、坚持等（determination, perseverance, persist, stick to, etc.）

／表范围，如"上海是中国最繁华的城市"可以记作：sh！prosp／中，再如"China is one of the fastest economies in East Asia."可以记作：C！快 eco／东亚

⇄ 发展、前进（development, advancement, etc.）

↓ 影响、效果、压力、负担等（influence, effect, impact, have bearing on, affect, pressure, stress, burden, load, etc.）

表结束，常用在笔记段末表一段意义结束，也可表示结束语，如"谢谢（Thank you, Thank you for your attention）"等

4. 表示逻辑关系

∵、∴或→、←表示因果关系，其中∵或←表示因为，如因为、由于、多亏（because, because of, as, owning to, thanks to, since, for, as a result of）等；∴或→表示结果，如因此、结果、以至于（therefore, thus, so, consequently, as a result, hence, lead to, cause, bring about, give rise to, give birth to）等。

But、"但"或／、∥：表示转折，如但是、然而、可是（but, nevertheless, however, yet）等。

"tho"或"虽"表示让步，如虽然、尽管（though, although, despite, in spite of）等。

if 或→表假设、条件，如如果、假如、要是、只要、万一、只有（if, as long as, in case, on the condition that, only if）等。

b4 或→表时间先后。

to 或→表目的，如为了、以便（in order to, in order that, so as to, so that）等。

→或←表示联想逻辑。

5. 表示趋向

→导致、结果等（lead to, cause, as a result, etc.）

表目的、为了等（in order to, etc.）

去、赴、赶往等（go, leave for, be bound for, etc.）

到达、来到等（arrive, get to, etc.）

表需要，必须、要求等（need, must, require, demand, etc.）

表希望、期待等（hope, expect, look forward to, etc.）

表未来时间

←表原因，由于、因为等（as, since, because, etc.）

受邀（be invited）

返回、回到等（return, etc.）

表过去时间

上述箭头可以通过方向调整来表示说话人的思维路线。

↓减少、下降、降低、贬值、消沉、衰落、堕落等（decrease, reduce, cut, drop, fall, dip, descend, sink, weaker, lower, lessen, diminish, devalue, depreciate, depress, decline, degrade, etc.）

↘逐渐（缓慢）减少、下降、贬值、衰落等（on the decrease, on the decline, etc.）

↓↓骤降、暴跌等（stumble, tumble, plunge, plummet, plump, etc.）

↑增加、提升、提高、升级、升值、高昂、加强、改善、发展、进步等（increase, rise, lift, raise, go up, climb, grow, escalate, upgrade, boom, boost, exalt, improve, enhance, strengthen, advance, promote, etc.）

↗逐渐（缓慢）增加、提升、改善等（on the increase, on the rise, etc.）

↑↑骤涨、暴涨等（soar, surge, shoot, skyrocket, etc.）

6. 表示时间

用首字母表示时间，如：

C 世纪

D 十年

Y 年

M 月

W 周

D 天

H 小时

M 分钟

S 秒

一段时间或某时间以前用"·时间"或"时间"上方加"←"表示。一段时间或某时间以后用"时间·"或"时间"上方加"→"表示，本时间直接用缩写表示。

例如：昨天·d

今天　d

明天　d·

前天　··d

后天　d··

3年前　·3y 或 $\overleftarrow{3y}$

in the last decade　·D 或 $\overleftarrow{D}$

during the next two centuries　2c· 或 $\overrightarrow{2c}$

7. 国名、组织名等专有词汇

国名、组织名一般用字母缩写表示。如：

澳大利亚：AU

德国：DE

法国：FR

印度尼西亚：ID

联合国：UN

联合国教科文组织：UNESCO

世贸组织：WTO

世界卫生组织：WHO

欧盟：EU

东盟：ASEAN

经合组织：OECD

石油输出国组织：OPEC

第四节　英汉口译中的演讲技能

一、演讲概述及对口译的启示

在人类历史上，演讲是一门古老的学科，在东西方都有着悠久的历史，只是表现形态略有不同。古今中外的许多伟人不仅是优秀的政治家、革命家或者军事家，同时也是出色的演讲家。由于在演讲的过程中，"演""讲"同步共用，且受众面较大，因而具有很强的传播性和互动性。作为一种综合的口头表达形式，演讲要求演讲者调动语言、声音、形态、表演等各种因素，具有较高的艺术性和感染力。

对演讲的分类有各种不同的标准，比较常见的有根据功能、形式和内容来分类。根据演讲话语的功能，演讲有说明性、劝说性、激发性和礼仪性等几种类型。说明性的演讲旨在"使人知"，如政府机关的新闻发布会、学校的形势报告、导游介绍、单位的员工培训等，属于叙述性语体，其思维模式通常是沿着事物或事件的发生顺序描述。劝说性的演讲旨在"使人信"，向受众阐述说明某个道理、理论，让人信服、接受某项政策、某种做法，如领导工作安排、产品促销等。劝说性的演讲属于论证语体，其思维模式通常有以下几种。

（1）沿人类认知世界的一般规律论述，即先易后难、由表及里等。

（2）遵循论证文体的一般结构，采用演绎或归纳的思维线路，从论点到论据或反之。

（3）无稿的即时发言遵循的是由一个小事物而联想到大问题的发散性思维模式。

激发性的演讲旨在"使人激（奋）"，让人听后慷慨激昂、意气风发，如各种动员等。激发性的演讲是一种鼓动语体，通常采用的是联想式和综合式的思维线路，有时显得逻辑性不强，情绪性的成分较多，结构较为松散。礼仪性的演讲旨在"使人凝（近）"，制造亲和力，在受众的心理上产生亲切感和认同感，通过回顾或前瞻相关的活动，增强双方之间的凝聚力，如各种仪式上的开、闭幕词或祝酒词等。相对于前面几种语体，礼仪性演讲的思维模式最有章可循，因为大多是相对固定的套式表达，可预见度较高。

根据形式和演讲者事先对演讲内容的知晓程度，演讲可分为命题演讲、即兴演讲和论辩等。对于命题演讲来说，演讲者事先有比较充分的时间进行准备，但同时自由度也比较小。对于即兴演讲来说，演讲者基本上没有什么准备，有时是有感而发，有时是被动发言。论辩是一种双方或多人之间的演讲，属于一种对话言语体，双方就某一问题相互矛盾或冲突的观点展开争辩，如法庭上的控辩双方或外交场合的争辩。

从内容或题材上看，演讲有政治、经济、学术竞选、宗教等方面的演讲，各种题材都有自己较为常用甚至固定的词汇和结构。

由此可见，无论演讲者演讲的形式和内容是什么，单独或混合采用何种言语类型，在某种程度上都有一定的规律。所以译员如能尽早、准确地判断出演讲的类型，就能在关键词和非语言因素的帮助下对演讲者的逻辑思维进行归纳、总结、追踪，排列其叙述顺序，捕捉其联想线索，确定其话语套路，并根据一般的思维模式预测未说的内容，从而赢得提前准备的宝贵时间，打有准备的仗，增加译员主动参与的成分，减少紧张等不良心理的干扰，从根本上提高口译的质量。

二、演讲对口译能力培养的促进作用

从演讲的角度提高口译技能主要是基于以下两个理由。

首先，口译员的源语有很大比例是演讲，至少是广义上的演讲，所以，口译员有必要了解演讲的特征、要素等。

其次，口译和演讲在许多方面有着相通之处，二者可以互相促进。

曾任戴高乐将军的英语翻译、国际口译工作者协会创始人之一达妮卡·塞莱斯科维奇女士所著的《口译技巧》一书序言中写道："一个好的翻译，必须同时是一个雄辩的演说家,他应能感染听众,在条件许可时应能说服听众。"[①] 著名口译实践家让·艾赫贝尔在其所著的《口译需知》一书中也指出:"要想成为一名优秀的口译人员,首先必须是一位好的演说家。"[②] 口译员是职业的语言工作者,有着较高的语言修养,应该是职业演说家,或者说具有演说家的风范。对于口译员来说,演讲的重要性不仅在于受众对于他们演讲水平的期待,更是因为只有优秀的演说家才能充分理解发言人所面临的种种语言困难和现象,从而在口译中恰当地进行加工。

(一)口译与演讲的相通之处

口译和演讲都是口头交际行为,以口头的形式向受众传递交际信息,言语发布具有一次性的特点,言语载体存留的时间短暂,在表达的过程当中都必须借助大量的副语言手段。由于交际双方都在场,口译员和演说家都要注意受众的即时反应,作相应的调整,因而都要求有较好的心理素质和灵敏的临场反应能力。口译与演讲的相通之处让演讲有可能,也应该在口译训练的过程中占有一席之地。

(二)从外语演讲到口译的过渡

通过演讲来提高口译水平主要得靠外语演讲,这是由我国的基本国情决定的。包括口译员在内的绝大部分中国人都是在母语的情景中学会汉语,然后再通过学校教育等后天非自然方式习得英语,这种掌握双语的方式现象和欧美人在双语或者甚至多语的环境中自然掌握双语的方式很不相同。另一方面,由于汉语在世界上的普及程度不高,国外学习英汉口译的人习得汉语和国内的人习得英语类似,所以,绝大多数的英汉或汉英译员双语水平不是平行发展的,双语的熟练度和熟悉度都不均衡,属于合成双语者或者不平衡双语者。

毫无疑问,在合成双语者不平衡的双语中,母语水平是比较高的,因此对母语的理解和表达都不怎么成问题,所以语言水平进修的主要任务便落在了对外语的进修上。口译培训的目标是让学员掌握双语思维和转换技能,其途径是让学员尽可能地从合成双语者向并列双语者发展,减少双语水平的落差,训练外语演讲

[①] 达妮卡·塞莱斯科维奇. 口译技巧 [M]. 北京:北京出版社,1979.
[②] 让·艾赫贝尔. 口译需知 [M]. 北京:外语教学与研究出版社,1982.

是提高外语口头表达能力的有效方法。事实上，外语主题演讲训练正是世界各地口译培训的常见做法。

（三）通过演讲训练促进口译技能提高

口译的主题演讲训练法主要是要训练口译员良好的心理素质、准确的语言表达能力和灵活的现场应变能力。稳定的心理是做一名成功的口译员必备的条件之一，培养良好的演讲心理素质有助于口译员在口译过程中的观察、思维、感情、意志等方面均达到最佳境界，发挥最佳水平。研究演讲者和口译员类似的心理特征，有助于克服在口译过程中经常出现的怯场、慌乱等不良心理。

良好的心理素质是经过长期的锻炼所形成的，通过演讲锻炼心理素质主要从以下几个方面进行。

（1）强烈自信。演讲者和口译员要有意识地培养和树立强烈的自信心，充分的自信可以坚定意志，可以促使智力呈现开放状态，更有效地发挥演讲者的创造性。

（2）身心投入。

（3）克服怯场。怯场是绝大多数演讲者和口译员碰到的一个拦路虎，以下几种做法有助于逐步克服，直至最终消除怯场。

①相信绝大多数受众是愿意听的，不会吹毛求疵。

②事前做充分、认真的准备，积极预测，以便尽量减少突发情况。

③全神贯注。

④进行受众范围分级训练，即从小范围熟悉人群逐步扩大到大范围陌生人群，让自己的心理承受能力有一个适应的过程。

一个优秀的口译员，应当有一种永不满足、不断求索的上进心理；对于已取得的成功从不满足，更不沾沾自喜；把每次成功的口译，都看做是下一次口译的起点；对待任何一次口译都绝不马虎，绝不凑合，总是认真准备，力求尽善尽美。

除了书面语言和课本知识的积淀，演讲者和口译员还必须具备以下几种能力。

（1）敏锐的观察力。对口译员来说，敏锐的观察力体现在三个方面：在准备口译时，有了敏锐的观察力，就可以从一切可能收集的资料中找到翻译时最可能使用到的一些内容，从而有针对性地进行准备，使得现场的口译更加从容；在临场口译时，有了敏锐的观察力，可以解读听众的表情、心理及场上的气氛变化，及时调整口译的声调、节奏等；在口译后，有了敏锐的观察力，可以从周围的反应中综合分析自己的口译表现，以便改进。

（2）丰富的想象力。对口译员来说，想象力指事先对演讲题目以及演讲内容进行发散性预测，对以往译过的类似内容进行回顾及联想，激活储备的知识点以辅助现场口译。

（3）出众的记忆力。对演讲者来说，拥有较好的记忆力就可以了；而对于口译员来说，需要出众的记忆力，这一点是由口译工作的特点决定的。首先，口译员在口译过程中不可能有机会查阅工具书，或是请教他人，因此口译员必须记住大量的词汇、成语、典故和缩略语。其次，口译员要把讲话人所讲的内容准确、全面地用另一种语言表达出来，必须有相当好的记忆力。口译笔记也只能起到辅助作用。由于受到时间限制，口译员记录的内容只能是重点内容，至于怎样把整个讲话连贯地表达出来，则要靠口译员出众的记忆力。

（4）良好的表达力。和演讲者不同的是，演讲者可以由别人代劳准备演讲稿，而口译员不管是译前、译中还是译后都只能完全依靠自己。一名优秀的口译员应具备良好的母语修养和扎实的外语基本功，掌握两种或多种语言的特点和互译规律，拥有快速、准确的遣词造句能力，具有良好的语感、灵活的表达能力以及广博的背景知识。口才并非天生的，它是可以经过后天培养、训练而成的。

三、演讲技能分项训练

在学习阶段，根据各项微技能进行相对独立、有针对性地进行强化训练可以取得较为明显的效果。演讲和口译的各项微技能包括语言技能和非语言技能两个方面。语言方面的技能包括音质、语调、语速、停顿、音量咬字、流利程度，非语言方面的技能主要包括手势语和面部表情以及为了克服怯场心理而进行的训练。笔译强调译文和原文尽量达到"形似"与"神似"，口译也有类似的要求。口译的"形似"是指口译的译语与源语内容一致，意思完整；"神似"是指译语与源语在风格上接近，具体包括口译员的语音语调、语速、音量、音高、表情等与发言人及当时场景、主题互相协调，最忌讳的是不分场合、单调不变、千篇一律，或者凭空想象任意发挥，以致喧宾夺主甚至越俎代庖。

(一)音质

音质的训练是语音训练中核心的一环。正如格莱斯顿所说:"90%的人不能出类拔萃,是因为他们忽视了对嗓音的训练。"[①]声音是每个人所独有的,它向他人传达着说话人的个性。例如,洪亮有力的声音会被认为是"具有权威"。译员中有许多人在小时候养成了不良的发音习惯,因此首先要训练的是发音方式。发音方式共有三种,一是用丹田发音,这样的声音会给人故弄玄虚之感;第二种发音方式是用嘴唇发音,这样的发音急促且不清楚,因此是不行的;第三种发音方式是最好的,即用"心"发音。训练的时候可以摸着胸口,调整发声位置,如果能感觉到共振,那么声音也就练到位了。接下来要调整的就是音质。好的声音应该是洪亮、和谐、充满磁性的,这样的声音给人一种可信、可靠的感觉。口译员也应该有一副好嗓子,要经常向声乐专家请教,看怎样发声能够达到目的又能保护发声器官。在口译时,译员说话的声音要浑厚圆润、低沉有底气。想做口译的人,平时可有意识地模仿自己喜欢的某个播音员的声音。因为口译员的声音除了传达意思之外,还要传达一种自信和亲和力。

(二)语调

所谓语调,就是说话时声音的高低、轻重的变化。这种变化对于表情达意来说,具有非常重要的作用。高兴、悲伤、喜悦、愁苦、迟疑、坚决等情感,都能通过语调的变化表现出来。

语调的力量是不能被低估的。不仅表演如此,演讲也是如此。婉转变化的演讲语调,能够更真切地诠释演讲者所要表达的意思,令演讲更生动、更逼真,赋予演讲美感,从而使听众一直保持聆听兴致。

同样,口译员的语调对于口译工作的成败有着很大的关系。有两种比较极端的表现。一种是口译员语调平淡,毫无生气。用这种语调翻译,听众很快会感到厌倦,甚至会对演讲人演讲的内容感到怀疑、不满。另一种是口译员语调丰富且手舞足蹈。这样的口译员也许会使对会议内容没有兴趣的一些听众发笑,但这种做法有喧宾夺主之嫌,一方面有损于自己的尊严,另一方面没有正确传达出演讲人的本意。对于口译员语调的要求和对演讲者的要求并不相同。演讲者像演员一

---

① 金凤. 受益一生的女人气质课[M]. 北京:中国商业出版社,2019.

样,要根据不同的内容来改变自己的语调,以吸引听众的注意;口译员则不同,其应该尽量避免这种做法。一般来说,建议口译员讲话时要比演讲者的语调稍微平淡一些。偶尔也可以模仿演讲者某些重要段落的语调,但又不要过于模仿甚至夸大,其中的分寸要掌握好,还得在不断练习中积累经验。

(三) 语速

语速随演讲内容的种类不同而有所不同。严肃复杂的话题需要缓慢一些的语速,轻松的话题应该用快一些的语速处理。一些演讲或者口译新手常常会碰到语速的问题,通常所犯的毛病就是语速很快,仿佛后面有人追赶,越讲越快。这样的演讲使得听众也变得十分紧张。还有一些演讲者语速很慢,仿佛后面被人拖住,让听众越听越没精神。这两种极端都不能达到很好的交流目的。对于口译员来说,太快了显得不稳重,太慢了又毫无生气,不能忽快忽慢,也不能气喘吁吁,所以在口译时要把握好分寸,同时也要根据所讲的具体内容和现场气氛来调节语速。口译员要随时注意听众的动向,若发现有人听不清或听不懂,应立即放慢语速。如果发现有听众作记录,也应放慢速度,以便听众记录。

(四) 停顿

演讲中的停顿分两种,一种是无声的停顿,一种是有声的停顿。演讲者常常使用无声的停顿来强调某些含义,留给听众一些时间来思考,还能表明句子之间的关系。它们就像是口语中的标点符号。有声停顿是用一些语气词来达到停顿的效果,这种停顿往往会让听众对演讲者的能力产生怀疑。而这种现象又是比较普遍的,即使是经验很丰富的演讲者也常常会习惯性地用有声停顿来填补无声的间隙。实际上,听众更加容易接受无声停顿。对于口译员来说,应根据演讲者停顿的地方做适当的停顿,不要译出演讲者的有声停顿,也不要加入自己习惯性的有声停顿,如口头禅等,使听众质疑演讲内容的可信度。

(五) 音量

音量应适应口译的内容。呼吁、号召时自然加大音量,加重语气,但如果一直用大音量或重语气则无法突出重点,反而给人以嘈杂、夸张的感觉。表达激动的情绪时自然用高亢的语调,如赞美、愤怒、质问等,但一直高亢而缺乏起伏

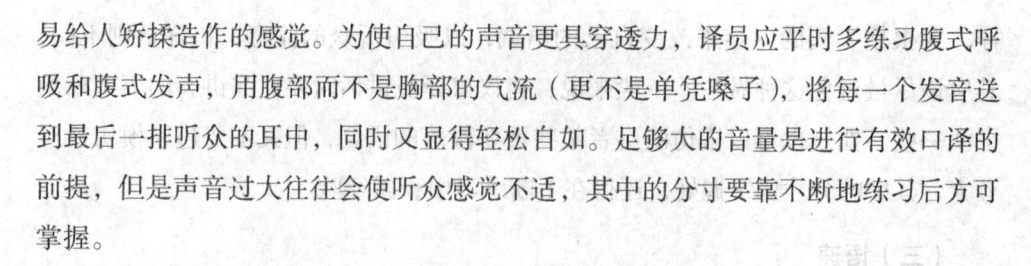

易给人矫揉造作的感觉。为使自己的声音更具穿透力，译员应平时多练习腹式呼吸和腹式发声，用腹部而不是胸部的气流（更不是单凭嗓子），将每一个发音送到最后一排听众的耳中，同时又显得轻松自如。足够大的音量是进行有效口译的前提，但是声音过大往往会使听众感觉不适，其中的分寸要靠不断地练习后方可掌握。

（六）咬字

演讲在这方面的要求是字正腔圆、悦耳动听。所谓字正腔圆，是就读音和音质而言的。字正，是演讲语言的基本要求，它要求咬字准确、吐字清晰、读音响亮、送音有力，使听众明白易懂。腔圆，就是要求演讲的声音清亮圆滑、婉转甜美、流利自然、富有音乐美。口译员每次工作时面对的讲英语的演讲者并不都是美国人，而是"每国人"。一名合格的口译员，应该不仅能听懂标准的英语，还应该熟悉南腔北调的英语发音。但是对于口译员自己来说，他本身应该具备正确的发音功底，尽量向标准发音靠拢。口译员的发音不一定是最漂亮的，但一定是咬字最清晰的，这一点和对演讲者的要求是一样的。

（七）流利程度

流利就意味着语流通畅，很少有有声停顿出现。对于演讲者来说，过于流利只会被人称为"说话快，嘴皮子利索"。调查表明，听众认为演讲者流利的表达可以更加有效地传达出演讲内容，从而让人更加信服。口译员的流利程度取决于他平时的基本功，只有不断积累英语语言材料，让正确的英语表达占领大脑，让大脑始终沉浸在英语思维的氛围中，通过大量的输入使英语的使用达到自动化的程度，才能减少乃至摆脱母语的负面影响，最终提高口译表达的准确性和流利性。同样，口译员的流利程度也会影响听众对演讲内容的信服程度，及本次演讲的效果。

（八）手势语

好的肢体语言是开放式的，整体的要求是协调、自然、大气。关于手势语的运用也是很有讲究的。一般而言，手势要和所演讲的内容相符合，多用开放性的手势，同时整个手势的运用也要有一定的活动范围。但是作为口译员，过多使用手势会给人抢风头的感觉。在非正式的日常口译工作中，口译员可以适当在交流中辅以手势；但在正式场合，口译员在使用手势语时一定要慎重，不可对演讲者的手势随意进行模仿，切忌手舞足蹈，给人不稳重之感。另外，在台上切勿随意做小动作，这对于演讲者来说也同样重要，虽然这样的动作往往是无意识的，但它会极大地影响演讲者或是口译员在人们心中的权威专业形象。

（九）面部表情

面部表情是演讲中需要注意的地方。作为一个优秀的演讲者只会微笑远远不够，还要学会将面部表情和所讲述的内容以及现场需要的情绪很好地结合起来。一名出色的演讲者同时也是一名优秀的演员，他会通过自己的表情将内容和情绪传递给听众。口译员也应该注意自己的面部表情，他应该通过轻松自然的表情，时刻向听众传达友好。即使在翻译过程中有困难出现时，口译员也不应该皱眉、瞪眼或流露出沮丧、无奈的表情。口译员的面部表情需要表现出对听众的善意，也应展现自己对所翻译的话题的兴趣和把握。目光交流也是面部表情的一个组成方面。一般情况下，和现场的听众对视2~4秒比较合适。不能太短，一扫而过起不到应有的作用；也不宜太长，这样会具有攻击性。口译员在口译时也可适当增加与听众的目光交流，避免盯着笔记念，这样可以加强沟通的效果，有时可以从听众目光中获得自信，或者观察到听众的疑惑，以便对自己的口译作出调整，如进行解释或者是调节语速等。不过，译员和来自不同国家和文化背景的人接触，应注意不同文化对于目光接触的禁忌。当然对于同声传译口译员来说，其工作场地是特定的同传室（booth），不用和听众进行正面接触，目光交流自然派不上用场了。

第五节　英汉口译中的数字表达差异应对技能

数字口译与谚语、成语的口译是口译实践中的两大难点。数字口译之所以棘手，原因如下：一是数字信息的冗余性较低，即数字信息与其他信息的相关性低，因此，数字信息很难被预测、概括或删减，而一般的信息往往受到逻辑、语义及语法的制约，比较容易进行预测总结或简化；二是数字本身及数字间的低冗余性导致其信息密度大，容易占去译员的记忆空间，一般人的短期记忆容量为5~9个组块，但是2个数字就可能填满译员短期记忆，如329.5和16.34%两个数字中存在9个互不相关的组块，单凭短期记忆来存储比较困难；三是口译中数字往往是成组出现，如果连续出现几组，记忆或记录起来都会是个挑战；四是英汉数字种类繁多，表达不同，如基数词、分数、百分数、小数等，表达习惯迥异；五是数字口译时往往不仅要译数字，还要译与数字结合的有具体意义的词，如"值、额、比、增或减、各种单位等"；六是在许多涉及数字的口译中，尤其是重大谈判中，数字口译的准确性事关重大，直接决定口译的成败。

一、英汉数字表达差异

（一）整数

英汉的整数在4位数以上时，表现出较大差异。英语的表达开始变为每3位数进一段位，而汉语每4位数进一段位。

英语：

thousand	ten thousand	hundred thousand
million	ten million	hundred million
billion	ten billion	hundred billion
trillion		

汉语：

千	万	十万
百万	千万	亿
十亿	百亿	千亿
兆		

那么如何进行整数数字的口译呢？一般来说学员需要经过"读—记—译"三个练习阶段。

（1）首先人们要清楚英汉整数的读法，通过对上述英汉数字进位的对比可以得知，英语每3位数进一段位，段位从右到左分别是：thousand、million、billion、trillion等；而汉语每4位数进一段位，段位分别是：万、亿、兆等。因此对于一个数字，在读成英语或汉语时有不同的分段方法。如54212378654391，其英文读法应该是54、212、378、654、391，即每3位数分为一段，共有4段即trillion、billion、million、thousand，所以该数字读作：fifty four trillion two hundred twelve billion three hundred seventy eight billion six hundred fifty four thousand three hundred ninety one；而读成汉语时每4位数分成一段，即54、2123、7865、4391，所以该数字读作：五十四兆二千一百二十三亿七千八百六十五万四千三百九十一。

（2）将其中一些英汉差异较大的数字当作词汇识记，如"万：ten thousand，十万：hundred thousand，千万：ten million，亿：hundred million，百亿：ten billion，千亿：hundred billion"。剩下的"百万：million，十亿：billion，万亿：trillion"都较容易。因此，在人们听到"万"的时候，脑子里立即闪现10个thousand，以此类推。经过对数字进行大量对译，译员可以提高数字敏感度和口译效率。如果仔细分析，会寻找到英汉数字的一些规律。比如，在thousand这一层，英语译为汉语时，要降1位，即除以10，反之汉译英时进一位，乘以10，如五千就是50个hundred；而在billion这个层次上，是反过来相差10倍，英语译为汉语时，升1位，乘以10，如billion是10亿，10个billion就是100亿。

（3）在数字口译中，数字的记录较为重要，一般来说口译中遇到数字时先记录，再考虑翻译，记录中英语数字的thousand、million、billion等可以直接缩写为t、m、b或者以一撇、两撇、三撇或一个","、两个","和三个","分别表示三个段位。如：three billion five hundred and twenty million记作"3b520m"或"3,,,520,,"，汉语可以直接记为阿拉伯数字加上"万、百万、亿"或以斜线区分。也有一些人或许比较习惯画零表示段位，但这样较为烦琐。

（4）英汉数字的记录和口译最常用的是英译汉时的"点—线"法，汉译英时的"线—点"法。英译汉时，听到billion、million、thousand即打一逗号，记录完毕后，从右到左每四位打一斜线即可译出汉语数字，如英文数字thirty two billion four hundred fifty seven million eight hundred twenty six thousand nine hundred and thirty-seven，可以记作：32,457,826,937，然后画线32,4/57,82/6,937，即可译出为：三百二十四亿五千七百八十二万六千九百三十七。汉译英时，听到亿、万等数级时分别画斜线，记录完毕后再从右到左，每三位打一逗号，即可译出英文数字，如中文数字"六亿四千六百二十三万零九百四十五"可以记作：

6/4623/0945，再从右到左每三位加上一个逗号 6/46，23/0，945，即可译为：six hundred forty-six million two hundred thirty thousand nine hundred forty five。

（二）分数、小数和百分数

1. 英语分数的分子为基数词，分母为序数词

当分子为大于 1 的数字时，分母是序数词加 s。如：1/12 one twelfth，3/8 three eighths，17/55 seventeen fifty fifths，29/200 twenty nine two hundredths。

2. 一些特殊分数的读法

如 1/2 a half，1/3 a third，1/4 a quarter，3/4 three quarters。

3. 分母过大的读法

可以读作"分子 over 分母"。如：27/89 twenty-seven over eighty nine，12/233 twelve over two hundred thirty three。

4. 带分数（整数＋分数）读法

如：

六又五分之三：six and three fifths

十二又二分之一：twelve and a half

5. 英语小数的读法

小数点读为"point"，0 读作"zero""oh""naught"，小数点后面的数字分开依次读出。如：

0.12 zero/naught/oh point one two

123.76 one hundred twenty three point seven six

25.04 twenty five point oh four 或 twenty five point zero four

6. 英语百分数读法

先读数字再加上 percent。如：

0.1% a tenth percent

0.35% zero point three five percent

38% thirty eight percent

7. 小数与"万、亿"的结合

万：ten thousand

亿：hundred million

0.23 万 =5.89 thousand; 5,890=five thousand eight hundred ninety

4.39 万 =43.9 thousand; 43,900=forty three thousand nine hundred

15.7 万 =157 thousand; 157,000=one hundred fifty seven thousand

416.25 万 =4.1625 million; 4,162,500=four million one hundred sixty two thousand five hundred

9.2 亿 =920 million; 920,000,000=nine hundred twenty million

23.6 亿 =2360 million; 2,360,000,000=two billion three hundred sixty million

（三）序数词和不确定数目

1. 序数词

英语序数词一般是基数词后面直接加 th，特殊情况包括：first、second 和 third。还有 five—fifth，twelve—twelfth，eight—eighth，nine—ninth。"整十"序数词将其基数词末尾的"y"变为 ie，再加 th。如：

第二百四十或 240th：two hundred fortieth

除以上特殊情况外，其他情况下均是在词尾加 th。多位数的序数词的末尾一个词若为 1~9，那么该词的序数词只将这个 1~9 变为序数词，且用"-"与前面相连即可。如：

第二十一或 21st：twenty-first

第一百四十四或 144th：one hundred forty-fourth

第三百八十七或 387th：three hundred eighty-seventh

2. 不确定数目

（1）大约

汉语中表达"大约"："大概，大约，约，约莫，差不多＋数字"或者"数字＋来，左右，上下"。

英语中表达"大约"："about, around, approximately, roughly, some, more or less ＋数字"或"数字＋ or so, thereabouts, in the rough"。

（2）少于

汉语中表达"少于"："少于，小于，低于，不到，不及，不足＋数字"或"以下，数字＋以下，以内"。

英语中表达"少于"："less than, fewer than, under, below, within ＋数字"。

（3）多于

汉语中表达"多于"："多于，大于，高于，超过＋数字"或"数字＋多，几，余"。

英语中表达"多于"："more than, over, above ＋数字"或"数字＋ strong, odd, and more, and odd"。

（4）数十、数百等

英语中表达"数＋数词"："数词＋ of"。如：

数十、几十：tens of（20～99），dozens of（24～99），scores of（40～99），decades of（20～99）

数百、几百、成百：hundreds of, several hundreds of, several hundred, by the hundred

数千、几千、成千：thousands of, several thousands of, several thousand, by the thousand

数万、几万：tens of thousands of

数十万：hundreds of thousands of

数百万：millions of

数千万：tens of millions of

数亿：hundreds of millions of

数十亿：billions of

二、数字和意义的结合

（一）和数字结合紧密的常用词

1. 量 amount/volume、数 number

总量 total amount/volume

总数 total number

进口总量 total import amount/volume

水资源总量 the amount of the water resource

工业废气排放总量 total amount/volume of industrial waste gas emission

主要港口货物吞吐量 volume of freight handled at major ports

邮电业务总量 business volume of Post and Telecommunication Services

贷款机构总数 total number of lending institutions

公司员工总数 total number of the company staff/ the employees in the company

普通高校在校生总数 total number of students in regular higher education

2. 值 value、额 volume

国民生产总值 GNP（Gross National Product）

国内生产总值 GDP（Gross Domestic Product）

工业总产值 total industrial output value

农业总产值 total agricultural output value

第三产业实现产值 output value of the tertiary industry

工业增加值 industrial added value

投资总额 total investment（value/volume）

固定资产投资总额 total investment（value/volume）in fixed assets

销售额/营业额 business/sales volume/turnover

成交额 trading/trade volume

零售额 retail volume

贸易额 trade value/volume

上述提到的"量、数、值、额"等词在实际运用中常省略。

【例1】这些年来，我国高校学生数骤增。

Recent years have witnessed a sharp increase of（the number of）college and university students.

【例2】我们必须加大力度减少工业废气排放量。

Greater efforts should be made to cut（the amount/volume of）the industrial waste gas emission.

【例3】外商直接投资额达120亿美元。

Foreign direct investment（volume/value）totals 12 billion US dollars.

【例4】两国贸易额在去年达1000亿美元。

Last year the bilateral trade between the two countries hit 100 billion US dollars.

【例5】我市去年实现工业总产值450亿人民币。

The total industrial output of our city（volume/value）hit 45 billion RMB.

3. 收入 earnings、income、revenue

earnings/income：用一段时间的劳力或服务而换得的金钱收益，出售货物或资产投资的收益。revenue：税收收入，来自财产或投资的收益，由特殊来源产生的所有收入。有时两词可互换。

  总收入 aggregate/ gross income/earnings/revenue

  净收入 net income

  农民人均纯收入 farmer's per capita income

  城市居民人均可支配收入 urban resident's disposable income

  实际利息收益 actual interest earnings/income

  纳税后所得 after-tax income

  农业收入 agricultural income

  资产收入 assets income

  现金收入 cash income

  集体收入 collective income

  公司收入，法人收入 corporate income/revenue

  营业收入 business income/revenue

  家庭收入 household income

  国民总收入 gross national income/revenue

  财产所得 property income 固定收入 regular income

  租金收益 rent (al) earnings/income

  居民实际收入 resident's real income

  年度收入 annual/yearly income/revenue

  财政收入 financial/tax revenue

  利息收入 interest earnings/income

  旅游收入 tourist income/revenue

  工资收入 wage income

  海关税收 customs revenue

4. 比率 rate、比率 ratio、比重 proportion、指数 index

失业率 unemployment rate

通货膨胀率 inflation rate

增长率 growth rate

出生率 birth rate

死亡率 death rate、mortality（rate）

利率 interest rate

汇率 exchange rate

利润率 profitability

适龄儿童入学率 enrollment rate for children of school age

投资收益率 rate of return on investment

折旧率 depreciation rate

性别比率 sex ratio

产销率 sales/output ratio

负债比率 debt ratio

中等收入者比重 proportion of the middle-income group

生活费指数 cost-of-living index

物价指数 price index

消费价格指数 Consumer Price Index

（二）度量衡

1. 面积和尺寸

毫米 millimetre

厘米 centimetre

分米 decimetre

公里 / 千米 kilometre

英里 mile

英寸 inch

英尺 foot

码 yard

平方米 square metre

平方尺 square foot

平方公里 square kilometre

平方英里 square mile

公顷 hectare

英亩 acre

市亩 mu（667 square metres）

1 inch 英寸＝25.4 millimetres 毫米

1 foot 英尺＝12 inches 英寸＝0.3048 metre 米 1 yard 码＝3 feet 英尺＝0.9114 metre 米

1 square inch 平方英寸＝6.45 sq. centimeters 平方厘米

1 square foot 平方英尺＝144 sq. in. 平方英寸＝9.29 sq. decimeters 平方分米

1 square yard 平方码＝9 sq. ft. 平方英尺＝0.836 sq. metre 平方米

1 acre 英亩＝4840 sq. yd. 平方码＝0.405 hectare 公顷

1 square mile 平方英里＝640 acres 英亩＝259 hectares 公顷

2. 体积和容积

立方米 cubic meter

升 litre

毫升 millilitre

立方英尺 cubic mile

品脱 pint

加仑 gallon

1 cubic inch 立方英寸＝16.4 cu. centimetres 立方厘米

1 cubic foot 立方英尺＝1728 cu. in. 立方英寸＝0.0283 cu. metre 立方米

1 cubic yard 立方码＝27 cu. f. 立方英尺＝0.765 cu. metre 立方米

British 英制：

1 pint 品脱＝20 fluid oz. 液量盎司＝34.68 cu. in. 立方英寸＝0.568 litre 升

1 quart 夸脱＝2 pints 品脱＝1.136 litres 升

1 gallon 加仑＝ 4 quarts 夸脱＝ 4.546 litres 升

1 peck 配克＝ 2 gallons 加仑＝ 9.092 litres 升

1 bushel 蒲式耳＝ 4 pecks 配克＝ 36.4 litres 升

1 quarter 夸特＝ 8 bushels 蒲式耳＝ 2.91 hectolitres 百升

American dry 美制干量：

1 pint 品脱＝ 33.60 cu. in. 立方英寸＝ 0.550 litre 升

1 quart 夸脱＝ 2 pints 品脱＝ 1.101 litres 升

1 peck 配克＝ 8 quarts 夸脱＝ 8.81 litres 升

1 bushel 蒲式耳＝ 4 pecks 配克＝ 35.3 litres 升

American liquid 美制液量：

1 pint 品脱＝ 16 fluid oz. 液量盎司＝ 28.88 cu. in. 立方英寸＝ 0.473 litre 升

1 quart 夸脱＝ 2 pints 品脱＝ 0.946 litre 升

1 gallon 加仑＝ 4 quarts 夸脱＝ 3.785 litres 升

3. 重量

毫克 milligram

克 gram

千克/公斤 kilogram

公吨 ton

磅 pound

市斤 half a kilogram

市两 fifty grams

盎司 ounce

1 ounce 盎司＝ 28.35 grams 克

1 pound 磅＝ 16 ounces 盎司＝ 0.4536 kilogram 千克

1 stone 英石＝ 14 pounds 磅＝ 6.35 kilograms 千克

1 quarter 四分之一英担＝ 2 stones 英石＝ 12.70 kilograms 千克

1 hundredweight 英担＝ 4 quarters 4个四分之一英担＝ 50.80 kilograms 千克

1 short ton 短吨（美吨）＝ 2000 pounds 磅＝ 0.907 tonne 公吨

1（long）ton 长吨（英吨）＝ 20 hundredweight 英担＝ 1.016 tonnes 公吨

4. 货币

人民币 RMB

英镑 pound

港币 HKD

美元 USD

欧元 euro

日元 Japanese yen

5. 其他

瓦特 watt

马力 horsepower

度 kilowatt per hour

华氏度 degree Fahrenheit

千瓦 kilowatt

焦耳 joule

摄氏度 degree Celsius

（三）数字的变化趋势

1. 表示"稳定"的词

level off 达到平衡

remain stable 保持平稳

stay at 保持在

freeze 冻结

stagnate 停滞

2. 表示"增、减""涨、跌"一类的表达法

增：rise，go up，grow，increase/a rise，an increase

猛增：hike，jump，shoot up，soar，skyrocket，surge / a hike，a jump，a surge

缓增：climb，pick up / a climb，be on the increase / rise

创新高：hit a record high / scale new heights / reach the peak

降：fall，go down，drop，reduce，decline，decrease/a fall，a drop，a reduction，a decline，a decrease

猛降：plummet, plunge, slash, tumble / a plunge

稍降：dip, slip, trim / a dip

缓降：be on the decline / decrease

创新低、跌入谷底：hit a record low / hit the bottom

3. 表示"超过、超出"一类的表达法

exceed, outnumber, outtake, outpace, outstrip, surpass。

4. 与上述词汇连用的相关介词：of、by、to、at、over

The number of students has an increase of 4% over last autumn.

The figure rose/dropped by 3.8% over the same period last year.

The number of the company staff will rise to 123.

The inflation stayed at 2.5%.

（四）倍数、比较等

1. 倍数增加

（1）A is n times as great (long, much...) as B.

A is n times greater (longer, more...) than B.

A is n times the size (length, amount...) of B.

以上三句都应译为：A 的大小（长度，数量……）是 B 的 n 倍或 A 比 B 大（长，多……）n–1 倍。

（2）increase to n times

increase n times/n-fold

increase by n times

increase by a factor of n

以上四种形式均应译为：增加到 n 倍或增加 n–1 倍。

注：在这类句型中 increase 常被 raise、grow、go/step up、multiply 等词所替代。

（3）There is a n-fold increase/growth... 增加 n–1 倍（或增至 n 倍）。

（4）double（增加 1 倍），treble/triple（增加 2 倍），quadruple（增加 3 倍）

2. 倍数减少

（1）A is n times as small (light, slow...) as B.

A is n times smaller (lighter, slower...) than B.

以上两句均应译为：A 的大小（重量，速度……）是 B 的 1/n 或 A 比 B 小（轻，慢……）(n−1)/n。

（2）decrease n times/n-fold

decrease by n times

decrease by a factor of n

以上三句均译为：减少到 1/n 或减少（n−1）/n。

注：decrease 常被 reduce、shorten、go/slow down 等词替代。

（3）There is a n-fold decrease/reduction... 应译为：减至 1/n 或减少（n−1）/n。

三、数字与意义结合——记录与口译

在数字口译时，一般先记录再口译，因此，记录显得颇为关键。数字口译时记录内容不仅包括数字本身，还包括与数字相关的其他信息，如：数字本身所表示的意义、度量衡等单位、数字的增减等变化趋势、数字的倍数增减等比较关系、连接数字与其他意义的某些表达法、其他信息，其中前四部分是记录的关键。

在需要记录的各类信息中，数字本身最为关键，因为数字的错误理解或错误传达可能产生严重的后果。除了记录数字本身，对数字的意义进行记忆或记录也非常重要。在有限的信息输入时，译员可以通过记忆数字的意义来传达信息，而无须进行详细的记录。然而，当信息量较大，特别是包含了许多容易混淆的数字信息时，就必须进行详细的记录，以确保数字的意义被准确传达。

另外，记录数字所表示的意义可以为其他信息提供重要的语境和补充信息，这可以帮助译员更好地理解数字单位、数字的变化趋势以及数字与其他意义的连接。如果译员能够准确理解和记忆数字本身及其意义，那么存储其他信息的问题也会相对较小。

数字口译是口译过程中的一个难点，对译员来说，需要确保数字信息的准确性和完整性，因此要格外谨慎。错误的数字传达可能导致误解、信息丧失或误导，尤其对于特定领域或具有重大影响的场景来说，后果可能会更加严重。因此，译员在数字口译时应该注意以下几点。

（1）精确性。确保数字的正确传达，包括数字本身和与之相关的单位、增减趋势等内容。

（2）理解上下文。将数字放置在正确的语境中，理解数字所表示的具体含义和背景信息，以便准确传达数字的意义。

（3）记忆和记录。同时记忆或记录数字的本身和其表示的意义，确保携带重要的冗余信息，以帮助理解和传达数字的含义。

（4）及时核对。在口译过程中，及时核对数字和其意义，避免混淆或错误传达。

最优秀的译员也需要保持谨慎和专注，尤其在数字口译时。通过准确理解、存储数字本身和数字所表示的意义，译员可以提高数字口译的准确性和可理解性，为听众提供高质量的口译服务。

而要提高数字口译的能力，需要进行以下步骤。一是强化数字理解。从数字到意义的转换是关键。练习将数字与其表示的具体含义相联系，并确保理解数字所代表的度量衡单位、变化趋势和倍数关系等。二是读数字与记忆。训练读出数字并记住其意义。这可以通过大量阅读数字和相应意义的练习来实现。尝试用不同的语调和语速读数字，以增强记忆。三是译数字。练习将数字从一种语言翻译成另一种语言。这可以帮助译员巩固数字与具体意义之间的联系，并提高对数字翻译的准确性。四是复杂意义结合。逐步扩展练习的难度，从简单的数字意义结合开始，逐渐转向更复杂的场景和含义。例如，将数字与特定行业或领域相关的术语和语境结合起来练习。五是记录与阅读练习。进行大量的记录与阅读练习，将数字及其相关信息记录下来，并在需要时迅速找到和回忆。这有助于提高数字和相关信息的完整存储能力。六是数字口译练习。进行大量的数字口译练习，从一种语言到另一种语言快速转换数字及其相关信息。这可以增强数字口译的熟练度和准确性，提高对数字信息的处理速度。

通过系统的训练和练习，逐步提高对数字和与其相关的各类信息的认知和处理能力，译员可以提高数字口译的专业水平和准确性。这是一个需要持续学习和实践的过程，只有不断地锻炼和提高才能取得更好的口译能力。

第六节　英汉口译中的文化差异应对技能

口译，究其本质是一种跨文化交际活动。口译的成功与否，在很大程度上取决于译员对口译中出现的文化因素的了解和处理。文化因素在口译中的重要性不言而喻。本节将重点分析口译活动中的文化因素，并探讨口译员的应对策略。

一、文化因素

口译员作为跨文化信息传递者，其使命是帮助交流双方克服不同语言文化障碍，达到有效沟通的目的。语言形式仅是传播媒介，内容、意义才是口译活动的本质，所以正确领会语言中承载的信息，是口译成功的关键。鉴于语言与文化相互依存的关系，在理解话语意义时，万万不能忽视文化因素。

按照文化因素所处的层面，此处试将口译活动中可能遇到的文化因素分为词汇因素，思维因素，价值观念因素和情境因素。

（一）词汇因素

各民族不同的文化习俗在语言的表达形式上，以及词汇意象和含义上都有不同的表现。口译中影响对原文意义理解的词汇因素主要指源语中的文化词汇。在狭义上，文化词汇是指一个语言中所特有的富含独特文化意义的词汇。通常这些词汇是另一种语言中所缺失的，比如食物名称、成语典故、俗语谚语等。在广义上，所有蕴涵文化意义的词汇都可以被称为文化词汇。对于文化词汇的理解，不能停留在字面上，只有具备相应的文化背景知识，才能准确把握词汇中的文化意义。

【例1】Exporting to some countries is greatly complicated by all of the red tape.

译语：政府部门的繁文缛节使得向某些国家的出口贸易困难重重。

原句中的"red tape"是有文化背景的。原来英国的律师和政府官员惯用红带子（red tape）捆扎文件，后来"red tape"就引申为"公事手续"上的形式主义。如果直译成"红带子"不但没有将文化意义传递出来，还有可能令汉语听众感到不解，故这里将"all of the red tape"译作"政府部门的繁文缛节"恰到好处。

【例2】在商务谈判口译中有这样一个事例。

中方说:"我们不会给你们打白条子,我们会按时付款的。"

译员译为:We shall not issue blank paper to you. We will pay you on time.

源语中的"打白条"是汉语中的通俗说法,这里的"白条"显然不是"blank paper(空白纸条)"的意思,而是指"欠条"。"打白条"还含有"故意拖欠"的意思,所以只有将语言背后的文化含义理解透彻,才能找到英语中"欠条"的对等语IOU(I owe you 的谐音)。

故改译为:We shall not give you an IOU. We will pay you on time.

【例3】Assembling do-it-yourself furniture is child's play—as long as you correctly read the instructions.

译语:安装DIY家具如同儿戏,只要正确看清图样就可以了。

"child's play"和"儿戏"看似对应,实则不然。"child's play"的真正意思是"非常容易做的事情,不大重要的事情";而"儿戏"意为"对重要的工作或事情不负责、不认真"。所以,译语应改为:"安装DIY家具非常容易,只要正确看清图样就可以了。"

【例4】2004年,为了使拳头产品尽快投入市场,雅芳化妆品公司在研发上增加了46%的预算。

译语:In 2004, Avon added 46% to its R & D budget to get blockbuster products on to the market faster.

"拳头产品"为具有中国文化特色的词汇,意思为"有竞争力的主打产品",这里将"拳头产品"译为具有对等意思的"blockbuster products"是恰当的。

习语是含文化意义最丰富的文化词汇。习语指结构及用法上固定的词、词组和句子,包括成语、谚语、格言和俗语等。由于习语是历史文化积淀的结果,其中蕴含的内容反映了不同民族的社会、历史、心理、民俗等各类现象。对口译话语中习语的理解,最忌望文生义和僵化的字面对应翻译。口译员应根据语境对习语作出正确理解,并根据场合采取相应的翻译策略。

【例5】We are very sorry to disappoint you, but hope you will understand that stock offers are a touch-and-go kind of things.

译语:使你们失望,十分抱歉,但希望你们理解,销售现货成效快,一有买主，就会立即脱手。

"touch-and-go"，一眼看去，就是汉语的"一触即发"，但其真正的意思是"risky; uncertain as to whether it will happen or succeed（冒风险的，对结果或成功缺乏把握的）"。译员根据上下文，略作变通，很好地传达了原文的含义。

【例6】现在合同已签了，真是木已成舟，生米煮成了熟饭，只好如此了。

译语：As the contract has been signed, what's done is done and can't be undone.

原句中"木已成舟，生米煮成了熟饭"是汉语中的俗语，意为"事情已经发生了或完成了，不能更改了"。如按字面翻译，不但不能准确传达原文意义，还会显得啰唆，让外国听者不知所云。所以，译员在这里果断舍弃源语字面意思，而只将俗语的内在意思翻译出来，可谓明智。

（二）思维因素

中西方思维差异造成了英、汉语言在语言使用和信息结构安排上有很多差异，具体体现在时间、空间、数量和叙事顺序与角度、逻辑思维上的巨大差异。这些差异往往成为口译的难点和障碍。因此，准确把握英、汉语中常见的思维差异，有助于临场自如应对。

1. 时间观念

中国人思维习惯是面朝过去，把已发生的事看成在前面，而把将要发生的事看成在后面；而西方人却是面向未来的，把将要发生的事看成在前面。

【例1】We now have the technology to develop machines before people are ready to use them.

译语：现在人们的技术足以开发人们一时还接受不了的新机器。

若按原文"在人们接受这些机器之前，人们就具备了开发新机器的技术。"不但逻辑不通，也不能准确表达原句的意思。因此，译员只能按逆向时间思维来重组原文信息。

【例2】This machine is the last word in technical skill.

译语：这台机器是技术方面的最新成就。

其中"the last word"就不好理解，按照汉语思维，"the last word"可能是"最后一句话，最后决定权"之意，但根据语境，在这里应该是"（同类事物中）最新形式，最先进品种"之意。

2. 空间视角

不同民族对方位感知取向也不尽相同。比如，由于所处地理位置不同，在汉语中东风通常象征"温暖"等积极意义，而英语中 east wind 通常象征"冷酷"等消极意义。这是由于中英客观地理环境的不同引起的。因为西伯利亚是寒流的中心，在中国，冷风从西边吹来，而在英国，冷风从东边吹来。

【例1】Some companies think that people in their fifties are over the hill and not worth employing.

译语：一些公司认为50来岁的人开始走下坡路，不再值得雇用。

"over the hill"和"走下坡路"看似南辕北辙，实则意义相对应。英语中"over the hill"本意为"翻越山"，此处形容年过50的人在工作时"精力不足，费力艰难"；而汉语中"走下坡路"同样指"人上了年纪后身体能力衰退"。

再如，出于礼貌请对方先走、先吃、先做某事时，中国人常说"您先请！"，而英语的说法却是"After you！"由于视点不同，英汉的表达方式完全相反，汉语中用"先"表达的意思，英语中却用"后"表示。

3. 数量概念

英、汉语在数量概念和表达上的思维差异通常表现在约定俗成的习语上。例如，汉语中说"三思而行"，而英语中为 think twice；汉语中说"乱七八糟"，英语中为 at sixes and sevens；汉语中说"成千上万"，英语中为 tens of thousands 或 thousands upon thousands。此外，还体现在一些数量概念的表达上：

【例1】If you pay in cash, we will give you twenty percent discount off the price of the goods.

译语：如果现金付款，人们可以享受八折优惠。

【例2】I couldn't buy into it. It's a thousand to one that nothing comes of it.

译语：我不能投资入股。否则，十有八九是不会有什么结果的。

【例3】The plastic container is five times lighter than that glass one.

原译：这个塑料容器的重量比那个玻璃容器要轻四倍。

这明显不符合汉语习惯，英语可以说"减少多少倍"，但汉语却只能说"是原来的几分之几"，如英语说减少两倍，汉语则说是原来的一半；英语说减少三倍，汉语则说是原来的三分之一。因此，上面的句子应改译为"这个塑料容器的重量是那个玻璃容器的五分之一"。

4. 形式逻辑

英、汉语形式逻辑思维存在显著差异，英文形式逻辑相对严谨，而汉语形式逻辑相对较为松散。在口译中，译员需要根据不同的思维特点来进行适当的省略或补充形式逻辑链接成分。举例来说，英文中的句子结构通常更加清晰、逻辑顺序明确，译员在口译时可以更直接地传达这种逻辑关系，不需要过多的补充或省略。但在汉语中，句子结构较为灵活，词语之间的关系可以通过上下文来推断，因此译员可能需要结合语境进行逻辑上的补充或省略。译员可以根据语境和说话者的意图，灵活运用各种口译技巧，包括逆译、重排句子结构、使用逻辑连接词等，以传达原意并保持适当的逻辑关系。在具体操作时，译员需要充分理解原文的逻辑结构，同时注意听众的语言习惯和理解方式，以确保口译的准确性和流畅性。

【例1】I was honoured to meet many of you over the last few days, and delighted to renew old friendships.

译语：能在过去的几天与诸位见面，我深感荣幸，也非常高兴能与大家续写我们的友谊。

按照英文逻辑，"renew old friendship"是"继续过去建立起的友谊"的形式表达，而按照汉语的逻辑，"续写"就已涵盖了"过去"这一意义，所以"old"是无须在汉语中翻译出来的。

【例2】（布什总统2002年在自由女神像前的讲演中的一段话）Good evening. A long year has passed since enemies attacked our country. We've seen the images so many times that they are seared on our souls, and remembering the horror, reliving the anguish, re-imagining the terror, is hard and painful.

译语：晚上好。从敌人袭击我们的国家到现在时间已经过去一年了，令人心焦的景象屡屡出现在人们的面前，挥之不去，回忆起惨状、重新体验剧痛、回想恐怖，是很艰难和痛苦的事情。

原文"We've seen the images so many times that they are seared on our souls"是"so... that..."句式，表达结果逻辑关系。译语中的"令人心焦的景象屡屡出现在人们的面前，挥之不去"是符合汉语思维习惯的表达，虽然没有原文的形式逻辑连接词"如此……以至于……",但意思上是忠实对应的。

5. 叙事顺序

英、汉语在叙事顺序或信息安排上存在不同。英语和汉语在叙事顺序或信息安排上存在差异。英语通常采用直线思维,即叙事开门见山,将最重要的信息放在句首;而汉语则更多地采用螺旋式思维,即在切入主题之前通常有条件、背景的铺垫。

作为口译员,在面对这种差异时,可以注意以下几点。

(1)适度调整顺序。理解讲话者的意图和口语风格,根据不同语言的思维方式,适度调整句子的顺序。在英译汉时,可以增加一些过渡性的语言作为衔接,为听众提供一定的背景信息,帮助他们更好地理解语境。

(2)把握主题和重点。无论是英语还是汉语口译,都要把握主题和重点,确保关键信息的准确传达。在英语口译时,抓住句子的核心信息,传达给听众;而在汉语口译时,则需要顺利过渡到主题,并给予适当的背景信息。

(3)强调讲话者的意图。口译时应注重传达讲话者的意图和思考方式,不仅仅是内容的转换。根据讲话者的语气、重点强调和上下文,准确地传达他们的意图,以保持信息的连贯性和连续性。

(4)灵活运用语言技巧。根据具体情况,灵活运用不同的口译技巧,如逆译、重组句子结构、使用逻辑连接词等,以有效地传达信息和保持逻辑关系。

【例1】我不得不取消这次旅行,这使我大失所望。

译语:I was greatly disappointed when I had to cancel this trip.

【例2】有困难马上与我联系。

译语:Please do not hesitate to contact me if there is any difficulty.

【例3】求稳定,谋发展,促合作,是当今各国人民的共同愿望。

译语:It is the common aspiration of all the people in the world to maintain stability, seek development and promote cooperation.

在以上三句中,译员都作了顺序调整,使译语更通顺、准确,易于目的语方接受。

6. 叙事角度

英语和汉语在表达某些概念和思维方式上存在正说和反说的思维差异。这种差异可能导致固定的表达结构与字面意义相反,容易引起误解。译员在口译过程中,需要敏锐地察觉到英语和汉语之间存在的这种反向思维差异,避免将文化差异直译成错误的含义。他们需要灵活运用翻译技巧,根据具体语境进行适当的转译,以将说话人的意图准确传达给听众。

【例1】It was above the common mass, above idleness, above want, and above trivial.

译语:这里没有平庸之辈,没有懒散,没有贫困,也没有卑微。

【例2】This ideal of America is the hope of all mankind. That hope drew millions to this harbor. That hope still lights our way. And the light shines in the darkness. And the darkness will not overcome it.

译语:美国的理想就是全人类的理想。正是这个希望将上千万人吸引到这个港口,这个希望将继续照亮人们前进的路。自由之光将照亮黑暗,自由之光将压倒黑暗。

有些概念汉语通常以肯定的形式表达,而在英语中往往以否定形式表达。

【例3】In the 20th century, mankind has created material and spiritual wealth unmatched by any other time in history.

译语:20世纪,人类创造的物质和精神财富,超过了以往任何一个时代。

【例4】Young scientists cannot realize too soon that existing scientific knowledge is not nearly so complete, certain, and unalterable as many textbooks seem to apply.

译语:年轻科学家应尽快认识到现有的科学知识绝不像教科书所说的那样,几年里是完整的、确切的和不可更改的。

"cannot... too..."是英文中的固定结构,意为"……不为过,应该……"。所以译语看起来与源语相反,实则准确、忠实。

在口译过程中,从源语到译语的转换不仅仅是语言符号的转换,也涉及思维的转变。这是很多译员常常忽略的一点。要实现语言形式与思维逻辑的一致并不容易。译员需要尽最大努力培养双语能力,从而在口译时能够真正做到双语思维。这需要译员具备深入理解两种语言和文化的能力,以及快速思维转换的能力。这样才能在口译过程中,将源语的思维逻辑准确地转化为译语,并确保信息的传递准确无误。培养双语能力并实现双语思维需要长期的学习和实践。译员可以通过多语言学习、广泛阅读和不断接触不同文化的方式来提升自己的双语能力和跨文化理解。同时,口译训练和实践也是非常重要的,通过不断的实践和反思,译员可以逐步提升自己在口译过程中的思维转换能力。

(三)价值观念因素

不同的民族具有不同的社会风俗、习惯、信仰和价值观念。在口译过程中,交谈双方有时会因缺乏对对方文化习俗和价值观念的了解和尊重,在话语内容或措辞上可能令对方忌讳或不快。面对这种文化观念冲突给口译造成的困境,口译员应该具有较强的跨文化意识,尽量淡化文化冲突,促进沟通顺利进行。这就要求口译员不但精通两种语言,而且对语言背后的文化价值观念有着深刻的了解。

中英两种语言背后的文化价值观念存在差异,这会导致译员在直译时出现理解偏差和误解。谦虚在中国文化中被视为美德,所以在接待外宾时,中方常常使用含蓄、谦虚的方式表达客套话,以展示礼貌和客气。然而,在直译成英语时,这些谦虚的话语可能会被西方听众误解为真实的意思,而非礼貌的客套话。这是因为在西方文化中,直接表达自己的观点和感受更为普遍,而谦虚的说法可能被误解为缺乏自信或不真诚。

【例1】外商:"Thank you so much for what you have done for me and I really appreciate your kindness."

中方:"不客气,这是我应该做的。"

口译员:"You're welcome. This is what I should do."

如果口译员这样翻译的话,中方的谦虚就被外方误解为"他们为我做事是不得已而为之或是出于工作而并非心甘情愿为我做事",因此外方往往会产生不快。在这种情况下,口译人员应尊重异国文化习俗,改译为:"My pleasure. I'm glad I could help."

传统上,中国人大多含蓄内敛,藏而不露,常使用委婉语来缓和语气。因此喜爱用一些模糊词,如"也许、尽量、差不多、基本上"等。而西方人,特别是美国人,性格开放豪爽,说话开门见山,直奔主题。过多的模糊词给人模棱两可、言不由衷的印象。因此,在汉译英时,有时要省译这些模糊词或转译为更准确的表达,以避免这种模糊性带来的负面影响。

【例2】中方:"人们将与厂商联系,尽量把交货时间提前。"

原译:"We'll get in touch with our manufacturers and do our best to advance the time of delivery."

这里汉语的模糊性表达"尽量"表达的是中方尽力合作的态度,但不代表一定会做到。但西方人却会把"I will do my best"看成肯定的回答。这种文化观念上的差异可能会导致日后合作上的误会,甚至可能导致合作的失败。鉴于此,译员应按译语文化价值,将"尽量"译为"we'll see what we can do.",故改译为:"We'll get in touch with our manufacturers and see what we can do to help advance the time of delivery."

中西方文化价值中最大的差异体现在对个体和集体的观念上。在汉语文化中,崇尚"和谐、团结、相互关爱"的集体主义;而英语文化中,注重的是"independence(独立)、freedom(自由)和privacy(隐私)"的"individualism"(个体主义)。这种文化价值上的冲突,成为跨文化交际中的最大障碍。交流双方由于缺少对对方文化价值的认识,容易"好心办坏事"。

【例3】(在某国际学术会议的开幕式讲话中)

中方领导:"祝大会圆满成功!祝与会代表身体健康,家庭幸福。"

口译员:"I wish the conferencea great success and may you enjoy good health and have a happy family."

"身体健康、家庭幸福"作为一种美好祝愿经常在领导人讲话的结尾作为会议致辞中的"客套话"出现,反映了领导人对他人的关爱和祝福。但这一文化价值未必会被来自西方文化的人理解,英、美人会觉得在严肃的国际学术会议上祝愿"身体健康、家庭幸福"未免不合时宜。因此,口译人员在翻译时应适当调整,可以换上符合英语文化价值的表达:"I wish the conference a great success and wish you a happy stay here.Thank you."

【例4】在一次陪同翻译中,中方领导突然问了美方专家这样一个问题:"这次大选,你是支持布什总统,还是支持克里?"

在英美文化中,人们在交谈时很忌讳谈论个人的党派立场和观点,认为这是个人私事,问这种问题不太得体。而且还有一层顾虑,如果自己的党派和观点同提问人相左,大家都有可能尴尬。鉴于此,口译员机灵地译为:"Who do you think will win the current presidential election, Bush or Kerry?（这次大选，你看布什会连任，还是克里会胜出？）"可以看出译员有很强的跨文化意识，巧妙地把直接问观点改成委婉地问推测，实在是太精明了。

中国人对他人的"关爱"还体现在社交套话中。比如，中国人迎接远道而来的外宾常会说："一路上辛苦了，累不累？"若直译成"You must be tired after the long flight (journey), aren't you?"或"Are you tired after the long journey?"，外宾可能会误解，认为他看上去"疲惫不堪"。而外国人喜欢在别人面前显得年轻、精神状态好，不喜欢让人觉得身体虚弱，或疲惫。因此应改译为："How was the flight? /Did you have a pleasant fight? /I hope you've had a pleasant journey."这样更易于外方接受。

英汉价值观念的不同还体现在感情表达方式上。英美人开放、直率；中国人保守、委婉。"I love you"是英美人表达爱意的常用语，不仅用于表达对爱人、朋友和家人的爱，还可以表达对自己敬仰爱戴的领袖伟人的爱。可在中国文化中，"我爱你"却仅用于对爱人表达感情。

【例5】（选自一篇介绍前总统卡特卸任后从事社会公益活动的报道）The two presidents exchange sir's and madam's in the venerable southern style. After 25 minutes, Carter slowly disengages. "I'm grateful for this meeting", he says. On his way to the car, he talks about his next visit, then tells Davis "I love you. I'm proud of you."

原译：前总统称居民协会主席"夫人"，居民协会主席称前总统"先生"，客客气气，一派南方人的风度。二十五分钟过去了，卡特不慌不忙起身告辞，说道："感谢你今天来同我会面。"迈步上车的当儿，他对戴维斯太太说："我爱你，我为你感到骄傲。"

这里把"I love you"译作"我爱你"很可能使不了解西方文化价值观念的中国人产生误解。在汉语文化中，"我爱你"是不能传递对领袖的"敬重"之意的，所以这里应改译为"我敬重你"，更符合汉语文化。

（四）情景因素

情景因素指可能影响口译表达合宜性或恰当性的因素。情景因素包括语境因素和场景因素。语境因素指口译的话题语域，和话语的上下文及译员对话题的熟悉程度等。场景因素包括交际双方的背景、身份及交际场合的性质。鉴于口译活动的现场性、即时性和时限性，口译员对于情景因素的准确把握是及时作出恰当、准确口译的关键。

【例1】Sidney Simon has called the college grading system "an archaic, prescientific, bureaucratic invention", adding that it is "about as accurate as police estimates of crowds of peace marches".

原译：西德尼·西蒙称这种大学评级制度"是过时的，缺乏科学验证的，是官僚主义的产物"，"简直同警察估计和平示威人数一样准确"。

此译语是僵化的、字面上的对等翻译，造成前后逻辑不一致。上半句是对大学评级制度的批判，顺应这一语境逻辑，应把"accurate"反过来译，因而改译为：西德尼·西蒙称这种大学评级制度"是过时的，缺乏科学验证的，是官僚主义的产物"，"简直同警察估计和平示威人数一样不准确"。

【例2】This sort of situation highlights a critical weakness in the ANC leadership: accountability.

原译：这种情况突出了非国大领导层的一个极为严重的弱点：有责任心。

"有责任心"与"弱点"逻辑相悖，这种按字面的译法显然不恰当。源语讲话者的讽刺语气显示出这里的"accountability"是反语，即可理解成unaccountability。因此应改译成：这种情况突出了非国大领导层的一个极为严重的弱点：玩忽职守。

【例3】美国总统George W. Bush在2002年"9·11"恐怖袭击一周年时发表的演说中说道：

"We have no intention of ignoring or appeasing history's latest gang of fanatics trying to murder their way to power."

译语："对最近发生的一群狂热分子企图以谋杀来夺权的事，人们决不会姑息容忍。"

译员考虑到发言者的身份及演讲发生的场合，将"have no intention of"译为"决不会"，语气坚定，符合当时的气氛。

【例4】在一次中外合资洽谈中，外方就合同说了下面这段话：

"If any matter should be added after this contract comes into force, then such a matter shall be agreed upon by both sides through friendly consultations and confirmed through exchanging official documents, that are an integral part of this contract."

根据场合的正式性，该话语可以译为："本合同生效后，如有未尽事宜，须经双方友好协商同意后，以交换正式文件确认，该文件同样作为合同不可分割的组成部分。"使得语体的正式性与谈判的场合相符。

二、应对策略

刘宓庆在他的《口笔译理论研究》中写道："如果说口译是一种跨语言的解释行为，那么，很显然，口译中的文化翻译就是关于文化的跨语言解释行为。"[①]这一表述，界定了口译具有文化传播功能的特质，口译员就应肩负起传递源语文化的使命。口译员该如何应对话语中的文化意义？对源语文化与目的语文化的诠释和保留上有多大的自由度？这些都是文化应对策略中应该考虑的。

鉴于口译的跨文化信息传播的本质，口译的成功与失败，应该以信息传递效果来评定。也就是说，判断译员称职与否的主要根据是译员对源语文化信息的解释是否忠实于原话语，并为目的语方所接受。根据这一标准，译员可以针对口译中遇到的具体文化因素作出灵活的应变处理，采取舍形取意、化繁为简、阐释补充、变译调整、音译加注和借译顺应这六种策略。

（一）舍形取意

在口译实践中，对于原话语中的特殊文化词汇，译员须挖掘其字面背后深层的文化意义，必要时要摆脱原文形式束缚，采取"舍形取意"的策略，忠实地传递源语信息，从而顺利完成口译活动跨文化话语解释的任务。

【例1】在一次商务活动中，中方说了这样一句话："人们已建立起'一条龙'服务中心，为外国投资者提供审批业务"。

译员译为："We have set up the 'one-dragon' service centre to provide a coordinated process service for foreign investors in obtaining approval."

"一条龙"译成"one-dragon"只是对源语字面意思的僵化对应，没有把该文化词汇的真正意义翻译出来，此译法不但不忠实，而且让不了解中国文化的外

---

① 刘宓庆. 口笔译理论研究 [M]. 北京：中国对外翻译出版公司，2004.

国投资方不知所云。更严重的是，"dragon"在西方文化中表示邪恶，与"龙"在中国文化中"吉祥"的意义大相径庭，在这种情况下极易产生误解，造成跨文化交际失败。这里的"一条龙"是取"从龙头到龙尾的一个整体"的意思，即为"一整套"之意，透过文化背景理解出词语的真正意思后，口译员应果断地舍弃源语形式，根据意思找到对应语"one package service"。故改译为："We have set up the 'one package service' centre to provide a coordinated process service for foreign investors in obtaining approval."

【例2】Larry Ellison（甲骨文公司CEO）在对耶鲁大学毕业生的讲演中说道："For I can tell you that a cap and gown will keep you down just as surely as these security guards dragging me off this stage are keeping me down..."

原译："我要告诉你，一顶帽子、一套学位服必然使你们沦落……就像这些保安马上要把我从这个讲台上撵下去一样必然……"其中"a cap and gown"译为"一顶帽子、一套学位服"，对于不了解西方文化的中国听众来说是不妥当的。西方文化中"a cap and gown"的意义不仅停留在毕业典礼上所穿的学位服和学位帽上，其早已成为"获得高等教育"的代名词。所以，这里如舍弃其字面意义，取其所指，译为"大学教育"更为恰当。故改译为："我要告诉你，大学教育必然使你们沦落……就像这些保安马上要把我从这个讲台上撵下去一样必然……"

在一些国际会议或学术会议等正式场合下，如果源语要表达的意思比起其具体的文化意象更重要时，译员也可以采取舍形取意的对策。

【例3】在中国召开的探讨科技两面性的会议上，西方发言者讲道："Is cloning technology becoming the sword of Damocles to human beings?"

"the sword of Damocles"（达摩克利斯之剑），喻"临头的危险"。该典故源于希腊、罗马民间传说，叙拉古（Syracuse）君主命其廷臣达摩克利斯坐在以一根头发悬挂的剑下，以示君王多危。译员考虑到中方听众可能不知道这一西方文化典故，且此处无须保留源语文化典故，故译为："克隆技术是否正日益成为人类安全无时不在的威胁呢？"这一译法，舍弃了源语形式，保留了意义，根据口译的效果来看是可取的。

【例4】在关于琼斯国际大学的介绍中，有句话是："While other universities and colleges offer accredited online courses, Jones International University is currently the only accredited university that exists completely online without accompanying traditional 'brick and mortar' classroom."

译员可以舍弃"砖瓦"的字面形式,取其所指,处理为"虽然其他大学也提供经认证的在线课程,但是琼斯国际大学则是目前完全存在于网上、完全没有传统教室形式的唯一一所获得认证的大学。"

(二)化繁为简

很多口译员对中方发言人在措辞上的"讲究"深有感触,汉语原话语中的修饰语相当丰富,这给口译造成了不小的困难。译员如果一字不漏地译成英语,不但会让人觉得啰唆,而且可能给英语接受方"华而不实"的感觉。因此,对于汉语中过多的修饰语,译员可以在保留话语意思的前提下采取"化繁为简"的应对策略。

【例1】今天的非洲是一个充满希望的大陆,是一片渴求发展的热土,处处涌动着蓬勃向上、奋发进取的生机与活力。

译语:Africa today is a continent full of hope, brimming with vitality and thirsty for development.

原文中"处处涌动着蓬勃向上、奋发进取的生机与活力"虽然达到了修辞上的美感,但在意思上是重复的,英译时应化繁为简,"a continent brimming with vitality"既准确,又符合英语表达的客观性。

【例2】北京峰会的召开,深化了中非传统友谊,推动了中非关系向更高层次、更大范围、更广领域发展,成为中非关系史上一座新的里程碑。

译语:The Beijing Summit deepened China-Africa traditional friendship, elevated relations to a higher level, and expanded the scope of their growth. The Beijing Summit became a new milestone in the history of China-Africa relations.

原文中"更大范围、更广领域"在意义上是重复的,口译成英语时无须重复,故处理为"expanded the scope of their growth"是精确的。

(三)阐释补充

作为跨文化的话语解释者,口译员有义务向听众补充阐释源语中包含的背景文化信息,特别是当这些背景文化知识的缺失会影响对源语的理解时。例如对于源语中含有的反映特有民族文化现象的人名、地名、历史事件特有的体制、机构、流行语和典故等，口译员可以采取补充解释的策略，以便听众理解。

【例1】在介绍美国电子商务的发展态势时，一位IT人士谈道：

"The current e-commerce landscape features a number of important guideposts that can help direct the innovative garage dreamer down a feasible path to success."

译语：目前的电子商务发展态势有几个重要的特征：它们将为颇具创新精神的"车库幻想家"指明一条成功之路。

对于一个不熟悉电子商务发展历程的译员而言，"garage dreamer"是不好理解的。针对这一文化语境的缺失，口译员应补充一句："所谓'车库幻想家'指的就是那些'从车库里发家的电子商务巨头'。"

【例2】温家宝在当选总理后的记者招待会上说道：

"在我当选以后，我心里总默念着林则徐的两句诗：苟利国家生死以，岂因祸福避趋之。"

译语：Since I became premier, I have been whispering two lines written by Lin Zexu, a patriotic Qing Dynasty official in the 19th century, to myself. And they are: I will do whatever it takes to serve my country even at the cost of my own life, regardless of fortune or misfortune to myself.

此处译员补充了林则徐的背景知识，并对这两句古文体的诗句进行了解释翻译。只有采取这种策略，才能使没有中国文化背景知识的外国记者理解温总理的讲话内容。

【例3】在向外商介绍投资环境时，中方说道："本市具有'三城五优'的显著特点，成为中外朋友投资的理想宝地。"

若译员按照话语表面意思把"三城"译为"three cities"，把"五优"译为"five advantages"，那么外商一定不知所云，困惑不解。所以译员需要向中方求证"三城五优"的所指内容，并对这一概括性宣传语作补充说明阐释。在得知这里的"三城"指"文化名城、旅游名城、新兴的工业城"，"五优"指"优越的环境、优越的资源、优惠的政策、优质的服务和良好的效益"后，译员作出如下口译：

"With a reputation of being a famous city in terms of culture, tourism, industry and featuring important advantages with respect to its environment, resources, policies, services and benefits, this city has become an ideal promising land for both domestic and international investors."

（四）变译

译员在口译过程中可能会碰到一些意想不到的情况，在处理这些突发情况时，译员除了要具备优秀的心理素质和扎实的专业技能以外，还需要掌握一些应变技巧，从而使口译交流进行下去。变译就是指在特殊情况下采取的、有悖"忠实"这一基本翻译原则的一种应变策略。根据口译中遇到的具体问题，变译策略具体指改译、省译、不译、绕译。

讲话人口误、语言粗俗、话题不符合对方文化习惯、不得体的玩笑等，都很容易引起对方的不悦或反感，甚至误解，并有可能阻碍双方的进一步沟通交流。遇到这种情况，有跨文化意识的译员可以果断地抛弃话语字面意思的"忠实"，通过淡化或忽略对源语不得当之处作出应变。

1. 改译

【例1】荷兰首相科克（Coke）访华，中方陪同团团长即席致答谢词时，有一句话说："首相阁下刚抵达北京，我和首相就一见钟情了。"

译语：When His Excellency Prime Minister set foot on Beijing, I liked him greatly at first sight.

"一见钟情（love at first sight）"在中西方文化中都是指男女之间的一种感情，而在非情爱关系的人之间使用"一见钟情"显然不太合适。译员考虑到中国具有热情好客的价值观念，把"一见钟情"改译为"第一次见面就很有好感"，即"like him at first sight"。

2. 省译

【例2】有一次，世界野生动物基金会主席乘专机访华前往中国熊猫故乡卧龙地区考察，入境后在某地中转停留，当地政府领导人前往迎接。宾主在贵宾室会晤。寒暄后，主人说："卧龙地区不仅熊猫美，风景也很美，我建议你去看看那些森林大山。"

客人却说："Well, I'm going there just to see the pandas. I just don't like bloody mountains."

直译过去就是："这个……我只是去看熊猫，才不爱看什么鬼山。""bloody"是英国英语中骂骂咧咧的词，表示对某事极其讨厌。然而，中方主人是出于一番善意才提出建议的，语气非常友好，客人说此话极不得体、极不礼貌，与当时的气氛格格不入。如果直译过去，肯定得罪主人。鉴于此，译员把原话"去粗存精"，省译为："我这趟主要想去看看熊猫，大山恐怕没时间看了。"避免了双方的尴尬、冲突，使谈话顺利进行了下去。

3. 不译

【例3】20世纪上半叶，哲学家罗素访问中国，他的演说是由才子赵元任翻译的。罗素在演讲中讲了一个笑话，花了很长时间，赵元任说了一两句，台下的观众全都哈哈大笑。罗素很不解，演说结束，他问赵元任："我的笑话那么长，你是怎么翻译的？"赵元任答："我说'罗素先生讲了一个笑话，你们笑吧！'"

这时，看似不忠的不译，比起对着缺少文化背景的听众逐句翻译笑话内容的效果要好得多，这正是译员充分考虑到交际场合并及时作出应变的明智对策。

4. 绕译

交谈双方有时因为缺乏跨文化意识，交谈中话语内容可能触及对方文化禁忌，译员可以通过绕译或解释的方式传递源语信息，尽量淡化文化冲突。

【例4】中方记者在采访某美资企业公关经理时问道："你这个经理年薪得有5万美元吧？"

译 员："I guess a public relations manager working for big companies would get paid around 50,000 dollars per year, am I right?"（我猜想各大公司的公关经理，年薪有5万美元左右。我猜得对吗？）

在英美人的价值观念中，收入是最隐私的个人情况，因此问别人的收入恐怕是最不得体的事情。可作为译员，传递讲话者言语信息是不可推卸的责任，所以，译员在这种情况下不能完全不译。所以译员本着淡化文化冲突的原则，将源语中的直接询问个人收入，转化为间接猜测该行业经理人收入，非常巧妙。这里应引起注意的是，变译策略是在顺应口译会造成双方冲突，有碍口译交流继续进行的情况下才采取的。如果说是否采取变译策略要靠译员灵活判断的话，那么决定变译尺度的标准却应该是客观的，即变译应以促进口译双方交流、达到跨文化信息传递的功能效果为准绳。

（五）音译加注

音译策略在口译中常用于宣传源语文化等功能性口译场景中。音译的目的是最大限度地保留源语文化，通过音译将专有名词传达给听众，以便更好地传达源语文化。音译的优点是能够保留原文的语音特点和文化内涵，使听众更容易与源语文化产生联系。通过音译，一些特定领域、特定文化的专有名词可以直接保留在翻译中，而不需要进行意译或解释，使得口译更加直接、贴近原文，增加听众对源语文化的理解和接受。然而，为了达到文化解释的目的，并补充文化词汇背后的历史文化知识和现象，口译员通常会在音译后加上注释，以解释词汇的文化背景和内涵。这样可以帮助听众更全面地理解源语文化，增加其文化修养和对意义的理解。

【例1】在旧城改造拆迁中，将对体现老北京特色的四合院进行有区别地审慎处理和保护。

译语：In the renovation of the old city, siheyuan, the traditional-style houses with quadrangles, which bear the features of the old city of Beijing, will be carefully dealt with and protected in different ways.

【例2】游客可以去杨贵妃洗澡的华清池洗温泉浴。

译语：Tourists may bathe in the warm water in Huaqing Hot Springs, the site of the private baths for Lady Yang, a Tang Emperor's favourite concubine.

【例3】我国的端午节是纪念古代诗人屈原的日子。那一天，人们通常要赛龙舟，吃粽子。

译语：On the Dragon Boat Festival, a day set aside in memory of the ancient poet Qu Yuan, people will hold dragon boat races and eat zongzi, a kind of glutinous rice dumplings wrapped in bamboo leaves.

【例4】相传三国时期，吴淞江的北岸就建起了一座寺院，后易名为静安寺。

译语：Legend has it that during the Three Kingdoms Period, a temple was built on the north bank of Wusong River, and it later adopted its present name of Jing'an si or Jing'an Temple. The Temple has existed more than 1300 years prior to the birth of William Shakespeare.

译语不但保留了中国文化，还巧妙地通过加注令英美游客对于"三国时期大约相当于西方文化中的哪个时代"有了直观的了解,达到了很好的效果。

在以上四个例子中,译员都采取了音译加注的口译策略。此策略的优势在于最大限度保留了源语文化,劣势在于音译名称不易被译语听者很快接受,而且解释文化背景会耗费口译员的时间和精力。所以,译员应根据口译的话题和场合来判断是否应采用此策略。简言之,只有当口译目的主要是宣传源语文化时,音译加注才是最得当的对策。

(六)借译顺应

在口译中,针对源语中引用的习语和谚语,有时可以采用借用目的语中相似说法的策略,以便使目的语听众更形象、更直接地理解。通过借用目的语中相似的习语或谚语,可以在口译中获得以下几个优势。

(1)提升理解。通过使用目的语中相似的习语或谚语,听众能够更轻松地理解源语中引用的习语或谚语,并将其与自己已有的知识和经验联系起来。

(2)融入文化。使用目的语中已经熟悉的习语或谚语,能够更好地融入目的语文化,并使口译更贴近听众的文化背景。这样可以加强口译的亲近感和共鸣度。

(3)简化沟通。通过借用相似的习语或谚语,可以更简洁地表达思想,使口译更流畅,减少解释和注释的需要。

当使用这种策略时,译员需要确保所借用的目的的语习语或谚语真实、准确,并能准确传达源语中的意义。此外,还要确保借用的目的语习语或谚语在文化上并不会产生冲突或误解。

【例1】有一位口译员在陪同美国客商游玩时,恰逢清明节。看到路上来来往往的扫墓者,美国客商非常纳闷,便问译员:"Is this a special day for the Chinese? What's that for?"(这对中国人来说是一个特别的日子吗?那是为了什么用?)

译员一时没有想到"清明节"的英文对应,便灵机一动,回答说:"It's a traditional Chinese 'Memorial Day' for worshiping at ancestral graves."(这是一个传统的中国"阵亡将士纪念日",用来祭祀祖先的坟墓。)

美国客商听后,恍然大悟,连声说:"I see. I see." "Memorial Day"在英语中实际是"阵亡将士纪念日"的意思,并不是"清明节"的忠实译语。可从效果上看,这种借用译语表达的策略，是可取的。

【例2】一个中国人刚从游泳池回来，对外国朋友说："游泳池里人多死了，跟煮饺子一样。"这在他看来是个很形象、生动的比喻，但如果直接译为"There were too many people in the swimming pool, like dumplings in the boiling water."外国朋友听了可能就茫然不解了，特别是如果他没见过饺子在锅里上下翻腾、一个挨一个的情形，自然也就无法想象到底是什么样子。英语中正好有个谚语叫做"packed like sardines."（塞得像沙丁鱼罐头一样，拥挤不堪）。如果译员能巧妙地借用这个谚语，把"饺子"换成"沙丁鱼"，不仅能充分传达说话者的意图，而且非常符合英美人的习惯。

【例3】有没有来世，众说纷纭。无神论者，不相信来世。他们认为从生到死，仅此而已。他们可能在意身后的英名，他们可能留恋后代的亲情，但他们不寄希望于来世。他们也会说善有善报，恶有恶报，但并不相信下辈子报应什么。

译语：Regarding whether or not there's afterlife, the answers have never been and will never be the same. The atheists deny that there is an afterlife, believing that our lives stretch only from the cradle to the grave. They may care about their illustrious names after death, and they may feel attached to the affection of their offspring, but they never lay their hopes on their afterlife. They may also say that good deeds will be rewarded in kind, and evil deeds will be punished, but they don't really believe in any retribution in their afterlife.

这是北京外国语大学北戴河外语培训基地校长宋远利的演讲稿，译员借用英语中的"afterlife"来对应汉语中的"来世"。从严格意义上说两者背后的文化含义并不相同，"afterlife"按照西方基督教信仰，指人死后或进入天堂或下地狱，或浮游于世的生活，而"来世"在东方佛教中指人死后转世投胎的生活。显然，在英语文化中，"来世"概念是缺失的。此处做此对应是为了便于译语方理解演讲内容，是不得已之策。

文化中的借用不仅表现在译语借译上，如今西方一些领导人在演讲中时常借用汉语中的典故、成语，不了解这一现象的译员恐怕一时想不起来汉语中对应的原话了。

【例4】美国前总统克林顿1998年6月访华时在国宴致辞中引用了孟子

的一句话:"In so many different ways, we are upholding the teachings of Mencius, who said, 'A good citizen in one community will befriend the other citizens of the community; a good citizen of the world will befriend the other citizens of the world.'(一乡之善士，斯友一乡之善士……天下之善士，斯友天下之善士。)"

对于源语中出现的引语，没有很深汉语文化功底的译员是很难准确口译的。可见，若要在口译时真正做到应对自如，不但要精通两种语言，还要对口译中常见的文化因素谙熟于心，并时刻具有跨文化意识，了解口译中的应变策略。只有这样，才能在口译实践中自如发挥，出色地完成口译任务，不辱跨文化交流沟通者的使命。

第四章 英汉口译的应用及案例分析

本章对英汉口译的应用及案例进行了分析,包括以下几个方面:日常生活中的英汉口译应用、政务会议中的英汉口译应用、商务活动中的英汉口译应用和科技领域中的英汉口译应用。

第一节 日常生活中的英汉口译应用

生活口译中涉及的方面比较广、比较杂,它不仅包括生活中的方方面面,同时在生活中也不时地会涉及生活以外的方面或知识。因此,译者在翻译时要关注的是译入语与译出语之间的文化差异,语言的表达方式和习俗的不同,语言因素与非语言因素的影响等。译者面对的是一个充满生活情趣的环境,对方的一个俗语、俚语、手势、表情、经典幽默笑话等等的出现,都会不同程度地影响着译者的译文的表达与实效。生活口译的特点是即时翻译,是一种对话式的翻译。作为口译员来讲,根本没有时间去查那些无法译出的词语或知识,这就要求口译员对生活的经验要丰富、语言要过关,对于一时无法翻译的地方可采用回避、省略或变通等方式加以处理,以使译者处于一个较稳定的心态,否则自己一旦遇到类似情况变得心情烦乱的话,就无法进行后面的翻译工作。译员在生活中遇到无法翻译的句子的情况也是屡见不鲜的,因为各自的文化差异、历史差异、语义差异、思维差异等等都在不同程度地阻碍着译者的工作,那么,减少类似失语现象发生的有利保证,便是多多练习与实践,同时积累成功与失败的经验教训,反复记忆、广泛接触、不断提高,把口译的错译、漏译或无法即席翻译的部分降到最低限度。

以下几例可以从一个侧面看到英汉互译中常见的现象。

【例1】

A: This is really neat. When do we eat?

B: First, we have to catch some fish. In order to catch fish, you have to do this. Here we go. That's it. Then drop it into the water. All of this comes before eating.

【译文】

A：太好了，我们什么时候吃？

B：首先，我们得钓几条鱼，要钓鱼你就该这样，现在可以开始了，就这样。然后把它丢进水里。这些都是在吃之前要做的事情。

这是一段教人学钓鱼的小对话。这段对话中有两处值得口译员注意。第一句中的 neat 和最后一句，neat 是美国口语中的非正式用法，表示 fine、splendid。例如，This is a neat movie。最后一句是根据上下文的语境而表达的，同样也表现出词汇的内涵意义在特殊表达上的安排。如果对上文所表达的内容比较清楚的话，就不难理解这最后一句。

【例2】

A: Don't forget to breathe.

B: Skip, hop, front. Twist...again...OK, now...scissors.

A: This is fun. It's piece of cake.

B: Yeah, just wait.

【译文】

A：注意呼吸。

B：跳，蹦，向前，扭摆运动……再来一次……好，现在做张腿、合腿运动。

A：挺有意思，不难做。

B：当然，等着瞧吧。

这是一段运动体操中的小对话。关键词是 scissors，通常在人们意识中，这个词的词义就是剪子，但它在这儿不仅仅停留在词面意义上。译者可以根据剪子的特征，即一张一合的性质，推断出这个词的引申词义。用在身体运动方面，就可以形象地形容与表达两腿的一张一合的动作，而不会使译员去想"怎么突然要剪子做什么"这样既不符合常理，也不符合上下语境需要的语言来。另外，在词典里，scissors 也有体操方面的专业术语解释，有助于学习者掌握。

【例3】

A（有氧教练）正在测量 B 的血压。

A: OK. That's terrific, your pressure is 120 over 75, and that's fine. When was your last complete physical?

B: Six months ago.

【译文】

A：好啦。真不错，你的血压为120/75，很正常，你上次全身体检是什么时候？

B：6个月前。

这是一段在量血压的小对话。英语的表达方式是"your pressure is 120 over 75"，但译员在翻译时，应注意这里有个专业表达法的问题。专业人员间的理解与翻译通常为收缩压120，舒张压75，书写时为120/75mmHg；而普通人之间的理解与表达为高压120，低压75。因而，口译者在翻译时一方面要对量血压的表达法有所了解；另一方面，在将内容译给不同对象时应采用与听者的身份相适应的表达语句。此句中的physical也是口语中非正式的用法，意为medical examination。

由于这是一项健康体检，对话的双方都不是专业医学人士，故译文应用普通的、易被对方理解和接受的话语。

以上仅举3个小例来说明由英语译为汉语时，在语言及知识面上容易遇到的问题，主要是表现在对话中所含的用词及其所表示的内涵上，既有语言问题又有知识背景方面的中外差异问题。现在表现与运用较多的是从英语译成汉语，上述的例子以译员的角度来审视对话，译员也可以是对话人之一。

如果反过来，由汉语译成英语，那么口译员面对的问题就将随之发生变化，这种变化首先体现在译员对母语的环境较为熟悉，思维是母语性的，表达是母语体的，理解是贯通的。但在翻译成英语时，恐怕困难要大得多，比如选词的问题、表达通畅与否、所选词与表达法是否与特定环境下所要表达的含义相符等。日常生活中遇到的情景也会是五花八门的，译员应当有效地将语言及语言所含的文化内容都包括进去，并在译员的表达中体现出来，恰如其分地表现译员的内容，同时对方国家的人也能够恰如其分地理解译员的中心思想及语境意义，而不至于产生歧义。在翻译过程中，不论口译还是笔译，它是对译者掌握英语的综合能力的考核，是最高层次的语言表现形式，故共同感到："翻译难（主要指英译汉），汉译英更难,翻译准确不出错难上难(英汉互译)。"它从一个侧面反映出了翻译是不好做的,要求是很高的。例如,我国的南方在春夏季经常会遇到连续数天乃至数周的阴雨天气。有人会说:"近来一直阴雨连绵。"就这么简单一句话,如果译成英语,则各有各的译法,可是哪个是最佳的呢?下面是它的多种译文。

译文1:It has been cloudy and rainy recently.

译文2:It has been raining recently.

译文3:It has been cloudy and rainy for several days.

译文4:It has been cloudy and drizzly on end.

译文5:It has been raining for days on end.

译文6:It has been cloudy and drizzly for days on end.

译文7:The cloudy and rainy days have been so recently.

译文8:It has been raining on and on for days recently.

从上面给出的译文中,不难发现似乎有多种正确的译法。其实,如果仔细推敲一下,各个表达法的侧重点不同,那么它与原文所表达的内容就多少有些区别与不同,这里的关键词在"连绵"上,如何理解与翻译成为译文成败的重要标志,正确的译文应为第6句。

第二节 政务会议中的英汉口译应用

政务具有一定的特殊工作范围和性质,主要以政府官员从事的工作为主。政务为政府事务或政治事务的简称,因此,围绕这些方面工作而进行的即席翻译,可以被称为政务口译。当然它也包括两个方面:一方面是口译员向外宾介绍或转述讲话人的表述内容;另一方面到国外参观考察时由译员向随团人员翻译对方所作的讲话内容。不管是哪种情况,译者面对的是与政务有关的工作,有些范围是与其他领域相交叉的,如由政府主导的一些活动,像有政府官员参加的商务活动、学术活动、宴会、会议等,它们已从纯粹的政务中延展开了、拓宽了。

现代社会的发展使得很多事物都相互交融、相互渗透,包括现在的很多部门在接收大学毕业生时都要求有复合型知识结构的,单一型知识结构人才在一定程度上受到了社会用人部门的挑战。

就政务口译而言，主要有以下几种形式：国内或国际会议、信息发布会、大型运动会、领导人之间的会晤、宴会上的讲演等。内容涉及政治、军事、经济、教育、医疗卫生、农业农村、外交等。做政务口译时，译员在用词方面应谨慎，因为政务的性质决定了口译员用词要严谨、准确、恰当，语气要得体。如外交口译要求高度的严肃性、准确性、正式性、非灵活性等。因为所译内容代表的是国家及国家利益，而非个人或集团利益，具有较强的政策性，一旦译员在选词或表达上有所疏漏或错译，往往会引起国际的或国与国之间的矛盾及误解。有时用词稍不同或表述不同，意义就会产生偏差。

【例1】中国对巴基斯坦的局势十分关注，正在进一步了解事态的发展。

【译文1】China is very much concerned about the situation in Pakistan and is watching closely for further information.

【译文2】China is watching closely the developments in Pakistan and is waiting for further information.

在这两种译文中，只有一种是最贴近的，即译文2。

【例2】在国际社会的大力推动和有关各方的努力下，中东和平进程曾经取得了重要进展。

【译文1】Under the great push of the international community and the common efforts of parties concerned, the peace process in the Middle East had once made great progress.

【译文2】With the much pushed influence and the common efforts from the international community and its parties concerned, the peace process in the Middle East has ever made great progress.

相比之下，译文1更符合原意。

以上两小例说明一个问题，译者的译文正确与否不但取决于客观环境与语境，更主要地反映在口译员的主观因素与能力上。简要地说有以下几种因素。

（1）译员的心理素质与状态。这是非语言因素在译员身上十分重要的体现，很多口译员在临场发挥时由于过于紧张或过于轻率而导致译文不顺畅或出错，最终影响其效果。

（2）实战经验。它可以为译员提供化险为夷的机会，可以使译员调整自我而适应不同的环境、语境，去把握不同的语言风格，最终能顺利完成任务，这是一个不可缺少的保证。

（3）译员的能力与水平。它是译员能否完成翻译任务的基础，具体反映在中外双语的理解水平、运用水平、知识面结构、思维等方面，更多地体现在译员的各方面技能上。

下面再看一例英语译成汉语的情况。

【例3】The calm and tolerant atmosphere that prevailed during the elections depicts the type of South Africa we can build. It set the tone for the future. We might have our differences, but we are one people with a common destiny in our rich variety of culture, race and tradition. People have voted for the party of their choice and we respect that. This is democracy. I hold out a hand of friendship to the leaders of all parties and their members, and ask all of them to join us in working together to tackle the problems we face as a nation. An ANC government will serve all the people of South Africa, not just ANC members.

这里选摘的是南非前总统曼德拉在他领导的非国大选举中获胜后对全国发表的演讲中的一小段。根据上下文，翻译时可适当地添加一些词，以使全文更顺畅。译文如下。

【译文】在大选中人们所表现出的这种平静和宽容的气氛显示出我们有能力建立起全新的南非，这次获胜为未来奠定了基调，我们之间可能会有不同看法，但我们有共同的命运，是充满着多元文化、不同种族与传统的大家庭，既然人们选择了他们信赖的政党，我们尊重他们的选择，这就是民主。我对所有政党的领导人及其成员伸出友谊之手，请他们与我们一道解决我们国家面临的问题，非国大政府将为全南非人民服务，而不仅仅局限在其成员上。

下面选几小段电台新闻报道稿。口译人员采用接续翻译的形式，将内容先用笔记下简单符号或代码后，再翻译。

【例4】2003年3月15日，第十届全国人民代表大会第一次会议胜利结束，选举产生了新一届政府，其工作要点可以概括为四句话。即：一个目标，两个环节，三个问题，四项改革。

【译文】When the First Session of the 10th National People's Congress was over with its success on 15th of March, 2003, a new government was elected. The work of the new government can be put in a nutshell of "four phrases", namely to attain one goal, implement two key policies, solve three major economic problems and promote reforms in four major aspects.

【例5】双方表示愿意在下周举行的大湄公河次区域峰会上与有关各方加强经济合作以取得一些实质性的成果。(国务院总理)温家宝与(泰国总理)他信将与来自缅甸、柬埔寨、老挝、越南等国家的领导人一起参加在西南边陲云南昆明举行的峰会。

【译文】Both sides expressed their desire to co-operate with participants in next week's second summit meeting of the Greater Mekong Subregion (GMS), to achieve practical results in trade co-operation. Premier Wen and Premier Thaksin, alongside leaders from Myanmar, Cambodia, Laos and Viet Nam will take part in the summit meeting, taking place in China's southwestern city of Kunming.

在上面的例子中口译员采用的形式也不是单一的，根据工作性质及对象的不同可采用即席翻译和同声传译，不论哪种形式，对译员的要求都是很高的，对译员的培训也是非常严格的。在对口译员的培训过程中，并不是每个接受培训的人都能够承受得了口译工作的，是要逐步将不适合当口译的人淘汰掉。有些人想自修成才，而自修的过程则更加艰难，缺少学习的环境没有第一手资料、没有实践的机会等等。总之，真正合格的口译员的培养过程是个严格选拔的慢过程。据了解，由学校正规培训的口译员分到外交部后还要进行为期一年左右的再强化学习训练，合格后才能真正上场翻译。

普通的译员，在经过了正规学校的专业化培训以后，还有很多使自己的口译得到提高的途径与方式，如在职培训、自我训练等。落实到具体的技术性方法还有：单语复述训练、原语概述、译入语概述、视译、磁带练习，最后在有条件的情况下参加模拟会场的实战演练。

第三节　商务活动中的英汉口译应用

一、迎来送往

接待外宾首先是到机场迎接，再将外宾送往宾馆下榻。一路上应主动热情地向外宾介绍本地概况，然后介绍在当地访问期间的日程安排等。精心安排的欢迎仪式能让外宾宾至如归，产生良好的第一印象。

接待外宾要精通英语、汉语作介绍的表达方式，事先了解宾主双方参加活动的人员姓名及其职务、职称的准确表达。在介绍时，通常把职位较低者介绍给职位较高者，把客人介绍给主人。

在同外国朋友建立友谊时，第一步要做的就是迎来送往，在这一步中也包含了许多关于礼仪的内容。口译的场合可分为正式场合和非正式场合，而不同场合下的口译需要使用不同的语体以及言语交际。一般在正式场合中，译员需要将对方的姓名全称、担任的职务、拥有的头衔都翻译出来，如果有职称的话还需要翻译职称。

（一）常用词汇

下面将介绍一些迎来送往的场景中经常会使用到的词汇，如表 4-3-1 所示。

表 4-3-1　迎来送往的场景中经常会使用的词汇

候机大厅	waiting hall	出租车候车处	taxi stand
问询处	information desk	接待员	receptionist
起飞时间	departure time	招待	to entertain
抵达时间	arrival time	酒店大堂	hotel lobby
登记卡	boarding pass	单人房	single room
安全检查	security check	双人房	double room
海关	Customs	豪华套房	luxury suite
办理海关手续	to go through Customs formalities	外国专家	foreign expert/specialist
入境手续	entry formalities	倒时差	to recover from jet lag
入境/出境/过境签证	entry/exit/transit visa	适应时差	to adjust to time difference

(续表)

旅游签证	tourist visa	活动日程	itinerary schedule
免税商店	duty-free shop	周到的安排	thoughtful arrangement
提取行李	to claim baggage	纪念品	souvenir
随身携带行李	carry-on luggage	您先请	after you
行李手推车	luggage handcart	您慢走	take care
设宴洗尘	to hold/host a banquet in honor of...		
不远万里来到……	to come all the way to...		
久仰大名	I have long been looking forward to meeting you/I have heard a lot about you!		
小小意思，不成敬意	This is a token of our appreciation.		

（二）经典句型

下面介绍一些迎来送往场景中的经典句型，如表4-3-2所示。

表4-3-2　迎来送往场景中的经典句型

Excuse me, but are you from London?	对不起，请问您是从伦敦来的吗？
Thank you for coming to meet me at the airport.	感谢您能来到机场迎接我。
How was your flight?	旅程怎么样？
Let me help you with your luggage.	我来帮你拿行李。
You must be our long-expected guest.	您一定是我们期盼已久的贵客。
It's a great pleasure to have you here with us.	我们很高兴能邀请您来这。
Thank you very much for coming all this way to meet me in person.	谢谢您专程来接我。

（续表）

Excuse me, but are you from London?	对不起，请问您是从伦敦来的吗？
I'm so pleased to meet you.	很高兴见到您。
I would appreciate your comments/Your valuable advice is most welcome.	请多提宝贵意见。
I will convey your greetings and invitations to him.	我一定会转达您对他的问候与邀请。
I'd like to take this opportunity to thank you for the warm hospitality and thoughtful arrangement.	我想借此机会感谢你们的热情款待和周到安排。
It has been a rewarding trip!	不虚此行！
Please remember me to Mr. Wang.	请代我问候王先生。
Have a nice trip!	旅途愉快！

（三）口译实践

原文：我很荣幸可以在自己的家乡见到您。虽然今天是我们的第一次见面，但我们已经通过书信认识了。我们一直都在期盼着您的到来。很遗憾我们的经理王先生不能亲自来见您，他托我向您问好。我代表我的经理和同事向您表示由衷的欢迎。我们希望您能在这里过得开心。

译文：I am very happy to greet you in my hometown. Although it was the first time we met, we knew each other through correspondence for a long time. We have been looking forward to your arrival. Our manager, Mr. Wang, greets you, it's regrets that he couldn't come to see you in person. On behalf of the manager and colleagues, I sincerely welcome you and hope you'll have a pleasant stay here.

二、欢迎介绍

（一）常用词汇

下面介绍一些在欢迎介绍的场景中经常会使用到的词汇，如表4-3-3所示。

表 4-3-3 欢迎介绍的场景中经常会使用到的词汇

副总裁	vice president	工业园区	industrial park
海外营销部	Overseas Trade Department	贵宾	distinguished guest
上市公司	publicly traded company	代表团	delegation
将……总部设在	headquarter	管理方法	management method
化工产品	chemical product	海外投资	overseas investment
矿产	mineral	开发区	development zone
远道而来	from afar	龙头企业	leading enterprise
跨国公司	multinational	独家代理	exclusive agent
管理方法	management method	实地考察	field trips
综合发展指数	comprehensive development index	财富500强企业	fortune 500 companies

（二）经典句型

下面介绍一些欢迎介绍场景中的经典句型，如表 4-3-4 所示。

表 4-3-4 欢迎介绍场景中的经典句型

Welcome to our company.	欢迎光临本公司。
Please allow me to introduce...to you.	请允许我向你介绍……。
It's my honor/pleasure to introduce.	我很荣幸/高兴介绍。
I would like to introduce the distinguished guests attending the party.	我想介绍出席宴会的尊贵的客人。
I'm so pleased to meet you.	很高兴见到您。
Have a nice trip!	旅途愉快！

（三）口译实践

原文：欢迎来到苏州工业园区。我们很高兴能有机会接待来自美国的贵宾。苏州工业园区成立于 1994 年，是中国与新加坡政府之间的重要合作项目，年均增长 30%，综合发展指数在全国开发区中位列第二。苏州工业园区吸引了 1800 家外资企业来投资，其中财富 500 强企业就有 52 家。此外，还吸引外商投资总额达 200 亿美元，国内 7000 余家企业签订的合同金额达人民币 500 亿元。42% 的外资来自欧洲和美国，新加坡占 18%，日本和韩国占 13%，其他地区占 27%。我们的目标之一是把这片地区打造成环境优美的、现代化、国际化的新城区。

译文：Welcome to Suzhou Industrial Park. We are very happy to have a chance to receive VIPs from the United States. Suzhou Industrial Park was established in 1994 as an important cooperation project between Chinese and Singaporean governments, an average annual increase of 30%, and the comprehensive development index was second in the national development zone. Suzhou Industrial Park has attracted 1800 foreign countries to invest in, including 52 companies which is included in the Fortune 500. In addition, it also attracts the total amount of foreign investment to 20 billion US dollars, and more than 7,000 companies signed by more than RMB 50 billion. 42% of foreign investment comes from Europe and the United States, Singapore accounts for 18%, Japan and South Korea account for 13%, other regions account for 27%. One of our goals is to create a beautiful, modern, and international new city area in this area.

三、谈判口译

在一些正式谈判的场合中，译员通常所使用的口译方式是连续传译。最终口译活动是否能顺利完成，取决于译员在连续传译过程中所做的笔记是否优秀。当发言人将自己所要表达的完整的意思说清楚后，译员再对其内容进行口译的活动就是连续传译。

连续传译是一项难度比较大的口译任务，因为译员需要将长达几分钟或十几分钟的内容全部都记住，并且完整地口译出来，在段落中可能还会出现比较难记的人名或地名以及复杂的数字等内容，为了将发言人表述的内容准确地口译出来，就需要译员通过记录的方法加以辅助，因为光靠记忆是完不成的。在所有的口译技巧中，记笔记是译员需要掌握的最基本的一项技巧。如果译员能熟练掌握记笔记的技巧，无论是在连续口译还是其他类型的口译活动中，都可以帮助译员顺利地完成口译任务。如果译员没有完全掌握其他的口译技巧，记笔记也可以帮助译员弥补其不足。

（一）商务谈判技巧（Business Negotiation Techniques）

马什（P. D. V. Marsh）是英国著名谈判学家，他从结构的角度将谈判的全过程分成了六个阶段：第一个阶段为准备谈判的阶段，第二个阶段为开始谈判的阶段，第三个阶段为谈判过程中的过渡阶段，第四个阶段为实质性谈判阶段，第五个阶段为交易明确的阶段，第六个阶段为结束谈判的阶段。

每个阶段都有其显著的特点和重点。为了便于理解，可将马什的六步谈判流程简化为以下四个阶段。

1. 谈判准备阶段（Preparation of Business Negotiation）

在这一阶段，谈判双方围绕设立谈判目标、制定谈判方案、组建谈判队伍、收集信息情报等工作任务，做好谈判前的准备工作。

谈判前，既要对对方的情况做充分的调查了解并分析其强弱项，又要明白哪些问题可谈、什么问题重要，对谈判成果作出预期判断，同时要分析己方情况，明确谈判底线，最后制定出达成目标的多重方案。

2. 谈判开局阶段（Opening of Business Negotiation）

双方正式会面，通过开局阶段的谈判，为之后主体议题的磋商奠定基础。本环节谈判人员的沟通技能包括以下三个方面。第一个方面为营造良好的谈判气氛，良好的谈判气氛一般是通过互相介绍、寒暄及双方接触时的表情、姿态、动作、语气等方面来实现的。第二个方面为围绕谈判的4Ps进行有效交流，包括谈判目的（Purpose）、谈判计划（Plan）、进度和议程（Pace）、人员（Personnel），其中谈判的进度和议程是开局阶段双方谈判的重点。第三个方面为谈判各方做开场陈述，表明己方意图并了解对方意图，双方分别阐述己方的基本立场、观点和利益的过程，也是让对方了解己方的期望、谈判风格和表达方式的过程。

3. 正式磋商阶段（Bargaining Process）

一般以货物买卖谈判的价格条款谈判为切入点，磋商阶段分为"报价—议价—讨价还价"三段式磋商。

（1）报价阶段

作为卖方，报价起点要高，开最高的价格，为谈判留下周旋的余地，但不可漫天要价；作为买方，出价起点要低，出最低的价格。这"一高一低"的报价起点策略是商务谈判中的惯例。提出报价的最佳时机一般是对方询问价格时，因为这说明对方已经对商品产生了交易欲望，此时报价往往水到渠成。无论是口头还是书面的报价方式，表达都必须十分果断、明确，似乎没有可商量的余地。

（2）议价阶段

这个阶段既可以要求对方解释报价的原因，也可以对其报价进行评论或抱怨。价格评论既要针锋相对，又要以理服人。

（3）讨价还价

还价前应设法摸清对方的报价条件中哪些是关键的、主要的，哪些是附加的、次要的，哪些是虚设的、诱惑性的。只有把这些搞清楚，才能策略性地进行讨价还价。

4. 结束签约阶段（Closing a Deal and Signing a Contract）

成交是谈判最为关键的时候，谈判者必须学会正确判断谈判终结的时机才能运用好结束阶段的策略。谈判者要紧紧抓住一切可能的机会，发出成交邀请，同时要敏锐洞察对方释放出的交易信号。在完成最后的签约之前，双方在利益上可能存在一定的分歧，可考虑运用以下谈判策略。

（1）最后期限策略

在对方比己方更需要达成协议的条件下，限定最后期限往往会使对方产生心理压力，使对方有种机不可失、时不再来的心理。运用这一策略能有效地限制对方的选择余地，促成协议的缔结。

（2）最后让步策略

从另一个角度来看谈判，可以将其看作谈判双方妥协的结果。最后让步策略就是其中一方在谈判的最后阶段，适当地作出一点妥协与让步，这样更容易让另一方接受交易。在使用该策略时需要对谈判的时间以及让步的程度多加注意。

（3）最后获利策略

在签约前，提出一个小小的请求，要求对方再让出一点点作为结束谈判并签订合同的前提。但条件不宜过大，以免因小失大，丧失合同。

（二）常用词汇

下面介绍一些在谈判的场景中经常会使用到的词汇，如表 4-3-5 所示。

表 4-3-5　谈判场景中经常会使用到的词汇

单价	unit price	询盘	inquiry offer
总价	total price	还盘	counter offer
零售价	retail price	报盘	offer
售价	selling price	实盘	firm offer
到岸价	CIF	订单	order form
离岸价	FOB	独家代理商	sole agency
成本价	cost price	采购合同	purchase contract
批发价	wholesale price	销售合同	sales contract
合同价格	contract price	原样	original sample
优惠价格	discounted prices	有效期	time of validity

（三）经典句型

下面介绍在谈判的场景中会使用到的一些经典句型，如表 4-3-6 所示。

表 4-3-6　谈判的场景中会使用到的一些经典句型

开始谈判前，您确信您有权处理谈判的事务吗？	Before starting the negotiation, are you sure that you have the right to handle the negotiation?
我们可以先达成供货的原则，然后再谈具体的交货时间。	We can reach the principle of supply first, and then talk about the specific delivery time.
好的，让我们先谈单价而不是折扣。	OK, let's talk about unit price rather than discount.

（续表）

行了，让我们明天再谈合同的细节。	Well, let's discuss the details of the contract tomorrow.
我想咨询有关于……的事情。	I'd like to consult about...
我们之间可能有一些误会。	I'm afraid we may have some misunderstandings here.
我们通常以相互达成的条款执行。	We generally do it on the basis of our mutual agreed terms.
如果你们给我们合理的折扣，我们计划同意你们的条件。	If you give us a reasonable discount, we plan to agree to your terms.
我们之间可能有较大的分歧。	There may be a big gap between us.
很高兴，你们接受了支付条款。	I am so glad that you have accepted the payment terms.

（四）口译实践

原　文：We regret to say that your offer is unacceptable. You know that we don't have a large stock and, what's worse, our producer is having difficulty in increasing production as a result of unstable supply of raw materials and the influence of the financial crisis. Therefore, our products are in short supply. At the same time, we've several other purchasers contacting us at the moment. With all things considered, we'll be obliged to conclude a purchase contract with them if your offer is not competitive enough.

译文：我很遗憾地说我们不能够接受你出的价格。你知道，我们的货物现在库存不多，加上金融危机的影响，原料的供应很不稳定，生产商无法扩大生产，因此产品已经是供不应求。除你之外，现在还有好几个采购商同时在和我们进行接触，因此，如果你的出价没有竞争性，我们只能被迫跟其他的采购商签订订货合约。

四、宴会招待

（一）宴会种类

主人与客人在一起喝酒吃饭的聚会通常被称为宴会，宴会最主要的特征是正式与隆重。宴会一般都被设置在正餐的时间，主人会为每一个参与宴会的客人安排属于自己的座位，宴会上的菜品都是服务员按照专门设计好的菜单摆上餐桌的。宴会的类型有许多种，按照规格一共可分为以下四种。

1. 国宴

此宴会的规格是最高的。国宴作为一场正式宴会，通常是在有国外的国家领导人到我国访问时所举办的，或者是我国的国家领导人为国家庆典而举办的。如果是为外国的国家领导人举办的宴会，则需要在宴会厅内挂中外两国的国旗，还需要有乐队，其演奏的曲目一定要有两国的国歌，以及席间的乐曲。主人与客人还需要在席间祝酒以及致辞。

2. 正式宴会

此宴会的具体安排和国宴大体上比较相似，其不同之处在于正式宴会不需要在宴会厅内悬挂国旗和演奏国歌，同时在规格上也有一些差异。但在席间依旧需要安排乐队演奏席间乐，且主人与客人的座位是按照身份进行排位的。不同的国家对于正式宴会的要求也是不同的，有一些国家对正式宴会中菜品上桌的程序、宴会中菜品的数量，甚至是餐具都有着极其严格的要求。

3. 便宴

便宴并不是一种正式宴会，其宴会安排的时间可以是早上，即早宴；可以是中午，即午宴；也可以是晚上，即晚宴。灵活简便就是便宴最大的特点，主人不需要特地为客人安排其各自的席位，也不需要在席间发表正式的言论，便宴中的餐品可以丰盛也可以俭朴。有一些便宴为了显得更加随和，会采用自助餐的形式，人们在席间可以随意走动，选取自己想要吃的菜品。

4. 家宴

设置在家中用以招待客人的便宴就是家宴。在西方国家，最常见的家宴就是采用自助餐的形式，更加凸显宴会的亲切感，但是其菜品并没有中国的菜品丰富。菜品的制作通常由家中的主妇来完成，客人是由夫妻双方共同招待的，让家宴的氛围更加亲切与友好。

宴请宾客是外事活动中不可缺少的一个环节。在此过程中，口译人员的主要任务是把宾主双方的介绍、席间交谈及领导人祝酒词等翻译出来。在很多时候，宴请是很随意的，气氛很轻松。席间，口译人员会碰到对中国菜肴的翻译。中国菜肴名称往往含有典故或用词典雅。翻译中国菜肴重在将制作原料和烹制方法翻译出来即可。参加宴请时，口译人员应注意自己的服饰、仪表，更要注意礼仪，做到着装整齐、彬彬有礼。在用餐期间主宾需要翻译时，译员应注意先将口中食物吞咽完后再开始翻译。在宴会上口译员一般不能够作笔记，所以应着重传达意思。口译员在宴会上吃东西要特别谨慎。因为要随时做好口译的准备，带骨头的、有刺的、难以吞咽的东西要尽量避免，以免突然有人讲话而措手不及。

（二）常用词汇

下面介绍一些在宴会的场景中经常会使用到的词汇，如表4-3-7所示。

表4-3-7 宴会的场景中经常会使用到的词汇

欢迎宴会	welcome dinner	四大菜系	four major cuisines
午宴（附有情况介绍或专题演讲等内容）	luncheon	美味佳肴	delicacies/specialties
晚宴	dinner party/banquet	麻辣的	hot and spicy
便宴	informal dinner	清蒸的	steamed
便餐	light meal	白灼的	boiled
工作午餐	working/business luncheon	椒盐的	salted and spicy
自助餐	buffet dinner/luncheon	烤/烧的	roasted
答谢宴会	reciprocal banquet	炖的	stewed
告别宴会	farewell dinner	红烧的	braised
庆功宴会	glee feast	食谱	recipe
招待会	reception	菜谱	menu
鸡尾酒会	cocktail party	特色菜	specialty

（续表）

茶话会	tea party	致祝酒词	to propose a toast
套餐/订餐	Table d'hôte	餐前小点	appetizers
点餐	à la carte	汤/羹	soup
为……举行宴会	host a dinner in honor of...	海鲜	seafood
款待	to entertain	煲仔	clay pot
用餐礼仪	table manners	甜品	dessert
色、香、味	color, flavor and taste	快餐	fast food

（三）经典句型

下面介绍一些在宴会的场景中会使用到的经典句型，如表4-3-8所示。

表4-3-8 宴会的场景中会使用到的经典句型

祝您健康！	Here's to your health!	你能告诉我这道菜是怎么做的吗？	Could you tell me how this dish is cooked?
为您的成功干杯！	Here's to your success!	这道菜在这里很受欢迎。	It's the most popular dish here.
干杯！	Cheers!	请随便吃点……	Help yourself to...
现在我提议为我们的成功合作干杯！	Now I propose a toast to the success of our cooperation.	请别客气。	Make yourself at home.
为我们的友谊干杯！	May I propose a toast to our friendship!	希望你度过了一个愉快的晚宴。	I hope you've enjoyed the dinner.
让我们共同举杯为……的健康干杯。	May I raise my glass with the guests present, in a toast to the health of...	你这样说太客气了。	It's very kind of you to say so.

(续表)

最后，让我们共同举杯为……的健康干杯！	In conclusion, I ask all of you present to join me in raising your glasses to the health of...	你喜欢吃中餐吗？	Do you like Chinese food?
你们今天有什么特色菜？	Do you have any special meals today?	招待会现在开始。	The reception will now begin.
你有什么推荐的？	What would you recommend?	女士们，先生们，欢迎各位光临。演出很快就要开始了，请尽快就座。	Ladies and gentlemen, good evening. The concert/show will start soon. Please be seated. Thank you.
我想来点清淡的。	I prefer something light.	现在请……讲话。	I have the honor to call upon...

（四）口译实践

根据上面的词汇和句型，下面将给出相关的口译内容，并从实践中感受口译活动。

【原文】Good evening, Mr. Li, ladies and gentlemen! My visit to China is now drawing to an end and I thank you very much for your warm reception. I'm very pleased to see that we have reached an agreement on future cooperation between us. Now I'd like to take this opportunity, on behalf of my company, to extend my warm congratulations to you all on the successful negotiations we have had on our future cooperation. I'd also like to thank my Chinese colleagues for their hard work in supporting me during my stay here. I wish you the best of luck and truly appreciate you all. Thank you!

【译文】尊敬的李总经理，女士们，先生们，大家晚上好！我的这次中国之行即将圆满结束，我衷心感谢你们的盛情款待。我很高兴地看到我们双方就合作事宜达成了协议。在此，我谨代表公司对我们的合作成功表示热烈祝贺！对在我访问中国期间为我付出辛勤劳动的各位同行表示衷心感谢，并向在座的各位朋友致以诚挚祝福！谢谢！

五、金融服务

金融所包含的经济活动有许多种，这些经济活动主要指的是同信用货币相关的内容，例如货币的发行、货币的结算以及金银的买卖等。

现代金融服务行业主要包括银行、保险、证券、期货、基金外汇、黄金、信托、典当等行业。金融业主要包括银行业、保险业、信托业、证券业、基金业和金融租赁业等多个领域。金融英语具有日常英语的特点，同时具有独特的专业特点。金融英语的一些显著特点包括对专业术语、专有名词和首字母缩略词的使用等。

译员在面对专业性比较强的口译任务时，需要掌握与其相关的知识内容，而金融口译就是其中的一种。因此，译员需要掌握有关金融、证券以及会计等知识的内容。

译员平时要进行系统专业的学习，通过阅读大量专业类文章尤其是精读源文本，扩展金融证券专业领域知识面，了解金融背景知识和运行规律，提升自身关于金融类翻译的专业素养和对金融行业的理解程度；通过对大量专业文章的视译和笔译练习，把握其语言风格，历练自身的专业口译水平和语言组织、运用能力；除此之外，还要充分利用网络资源，经常查阅金融专业网站，时常关注金融时事新闻，以此来充实自己的金融基础知识；做好充分的译前准备，了解业务背景知识，做好会议专业术语表，这样可以降低口译难度，进而提高口译质量；在每一次译后进行专业术语打包，进一步丰富自己的口译专业词汇。

（一）常用词汇

下面介绍一些在金融服务中经常使用到的词汇，如表 4-3-9 所示。

表 4-3-9　金融服务中经常使用到的词汇

托收，代收款项	collection	风险投资	venture capital
收购	acquisition	天使投资人	angel investor
组合证券投资	portfolio investment	资信状况	credit standing
对冲基金	hedge fund	偿债基金	sinking fund
现货	actuals	美式期权，现货期权	American option

（续表）

道·琼斯股票指数	Dow Jones Index	欧洲期货交易所	Eurex
伦敦证券交易所	London Stock Exchange	标准普尔	Standard & Poor's
普通基金账户	Funds General Account	特别提款权	SDR：special drawing rights
定期贷款/全损	TL：time / total loss	首席财务官	CFO：Chief Financial Officer
伦敦金融时报100指数，也称"富时100指数"	FTSE 100 Index		

（二）经典句型

下面介绍一些在金融服务中经常使用到的经典句型，如表4-3-10所示。

表4-3-10　金融服务中经常使用到的经典句型

建立全方位、宽领域、多层次的伙伴关系。	Establish an all-round, wide-ranging and multi-level partnership.
潜在的风险仍在积累。	It will allow vulnerabilities to continue building.

（三）口译实践

根据上面的词汇，下面将给出相关的口译内容，并从实践中感受口译活动。

【原文】

（1）次贷危机很大程度上是金融创新与金融监管不适应造成的，复杂的金融衍生品掩盖了实体经济风险，虚拟经济规模膨胀严重脱离实体经济发展。

（2）欧债危机主要源于欧元区国家发展不平衡，部分国家实体经济停滞不前，为维持高福利过度举债，最终面临债务违约风险。

（3）如今，经历了全球金融危机的考验，大多数的发达国家都在重新拥抱实体经济，"再工业化"和"回归实体"的战略被摆在经济复苏和结构调整的首位。

（4）中欧建交以来，双方贸易额增长了230多倍，如今日均贸易额高达15亿美元。

（5）中欧经济占世界经济总量的三分之一。欧盟是中国第一大贸易伙伴，中国是欧盟第二大贸易伙伴。它们互相依赖。

【译文】

（1）The sub-prime crisis, to a large extent, was caused by a disconnect between financial innovation and regulation, allowing complex derivatives to obscure risks in the real sector, eventually a dangerously over-inflated financial sector derailed the broader economy.

（2）The European debt crisis arose from uneven development among the Eurozone countries. Certain members, hampered by stagnation, took on excessive debt in order to maintain a welfare state, eventually placing them at risk of default.

（3）Now, having undergone the trials of global financial crisis, the most developed economies are re-embracing the real sector and strategies aimed at "re-industrialization" and "return to the real" have topped the agenda of economic recovery and restructuring.

（4）Since China and the EU have established diplomatic relations, the amount of bilateral trade increased by 230 times, now the average daily trade volume has reached up to US \$1.5 billion.

（5）China-EU economy accounts for one-third of the world's total economic output. The EU is China's largest trading partner, while China is the EU's second largest trading partner. They rely on each other.

六、对外贸易

对外贸易（Foreign Trade）也可以被称为"进出口贸易"，简称外贸，通常是指两个国家或者地区之间的劳务、商品和技术的交换活动。通常情况下，可以把对外贸易分为进口（Import）和出口（Export），进口即对运进商品或劳务的国家或者地区而言，出口即对运出商品或劳务的国家或者地区而言。一般来说，对外贸易的方式包括对等贸易、展卖、加工贸易、补偿贸易和技术贸易。通过对外贸易，不仅能够促进各国经济的发展、充分利用各国的资源，同时能加快社会的再生产。

（一）常用词汇

下面介绍一些在对外贸易中经常使用到的词汇，如表 4-3-11 所示。

表 4-3-11　对外贸易中经常使用到的词汇

东盟博览会	ASEAN Expo	中国国际投资贸易洽谈会	China International Fair for Investment & Trade
展位	booth	双赢	win-win
广交会	Canton Fair	上升空间	upside potential
友好邻邦	friendly neighbor	双边贸易	bilateral trade
主权财富基金	sovereign wealth funds	21世纪海上丝绸之路	21st Century Maritime Silk Road

（二）经典句型

下面介绍一些在对外贸易的场景中经常使用到的经典句型，如表 4-3-12 所示。

表 4-3-12　对外贸易的场景中经常使用到的经典句型

规模最大、商品种类最全、参展企业最多、成交效果最好。	the largest scale, the most comprehensive product categories, the most exhibitors, and the best transaction results.
海上丝绸之路是和平交往、经贸交流、文化交融之路。	Maritime Silk Road is a route which opened up peaceful exchanges, economic and trade exchanges and cultural integration.
比 40 年前增长了 250 多倍。	250 times that of 40 years ago.
与去年同期相比	over the same period last year
中国也是欧盟第二大贸易伙伴，也是欧盟第二大出口市场。	China is EU's second largest trading partner and export market.

（三）口译实践

根据上面的词汇，下面将给出相关的口译内容，并从实践中感受口译活动。

【原文】

（1）今年是泰中建立外交关系40周年，因此参加第12届中国—东盟博览会的泰国代表团非常庞大，共有120家泰国公司和7个泰国机构，共设有146个展位。

（2）第106届广交会定于今年10月15日至11月4日在广州举行，将成为中国规模最大、产品种类最齐全、参展企业最多、成交效果最好的国际性交易会。

（3）中国与东盟国家是陆海相连的友好邻邦，互为天然的合作伙伴。早在2000多年前，我们的祖先就远涉重洋，乘风破浪，开辟和平交往、经贸交流、文化交融的海上丝绸之路。

（4）欧洲为中国现代化建设提供了许多先进技术，中欧经贸合作已成为欧洲乃至全球稳定增长的重要依托。去年，中欧贸易额突破6000亿美元，比40年前增长了250多倍。

【译文】

（1）This year marks the 40th anniversary of the establishment of diplomatic relations between Thailand and China. Therefore, the Thai delegation participating in the 12th China—ASEAN Expo is huge. There are 120 Thai companies and 7 Thai institutions with a total of 146 booths.

（2）The 106th Canton Fair, scheduled to be held in Guangzhou from October 15th to November 4th this year, will become the largest international trade fair in China with the largest scale, the most comprehensive product categories, the most exhibitors, and the best transaction results.

（3）China and ASEAN countries are friendly neighbors connected by land and sea, and they are each other's natural cooperative partners. As early as more than 2,000 years ago, our ancestors traveled across oceans, braved the wind and waves, and opened up the Maritime Silk Road of peaceful exchanges, economic and trade exchanges, and cultural integration.

（4）Europe has provided many advanced technologies for China's modernization drive, and China-EU economic and trade cooperation has become an important support for stable growth in Europe and the world. Last year, China-EU trade exceeded US $600 billion, an increase of more than 250 times over 40 years ago.

七、经济贸易

译员在进行商贸口译的过程中,使用最多的口译方法是将完全对译与部分对译结合起来。在翻译的过程中译员还需要对自己翻译的内容进行适当的加工,对句子内容进行适当的删减、补充或者渲染等,从而出色地完成口译任务。

(一)常用词汇

下面介绍一些在经济贸易的场景中经常使用的词汇,如表 4-3-13 所示。

表 4-3-13 经济贸易的场景中经常使用的词汇

供货商	supplier	超快的,超速的	ultrafast
做交易	transact	用户体验	user experience
报价(表)	quotation	合资企业	joint venture
保修期	warranty	外资企业	foreign-funded enterprise
产品目录	catalogue	外商独资企业	exclusively foreign-owned enterprise
芯片	chip	注册资金	registered capital
国家工商管理局	SAIC: State Administration for Industry and Commerce of the People's Republic of China		

(二)经典句型

下面介绍一些在经济贸易的场景中经常使用的词汇,如表 4-3-14 所示。

表 4-3-14 在经济贸易的场景中经常使用的词汇

收到信用证后 30 天内装运	shipments within 30 days after receipt of L/C
中国支持外商投资和商务合作。	China takes a positive stand with regard to introducing foreign investment and business cooperation.

（续表）

中国将尽力改善投资条件来吸引更多的外国公司。	China will try its best to improve investment conditions in order to attract more foreign firms.
我们对高科技和技术转让有兴趣。	We are interested in advanced technology and the transfer of technology.
政府将采取什么相关措施？	What relevant measures will the government take?

（三）口译实践

根据上面的词汇，下面将给出相关的口译内容，并从实践中感受口译活动。

原文：亚太经济合作组织，或 APEC，拥有 21 个代表亚太地区的成员国。亚太经济合作组织给亚洲带来地区主义的理念。由于亚太经济合作组织的贸易额占世界贸易的 47%，它被看作非常重要的地区组织。20 世纪 70 年代到 80 年代，亚太地区的经济发展十分迅速。这段时间，亚洲四小虎发展起来，一些国家也从比较不发达的经济状况发展成工业化国家。随着相互间经济依赖的增长，1989 年这个组织成立了。今天，该组织的目标是共同加强成员国和非成员国之间的联系以及增强地区的经济增长。特别是关于贸易，亚太经济合作组织希望在 2010 年使工业化成员国达成自由贸易，2020 年使不发达经济体实现自由贸易的目标。

译文：The Asia-Pacific Economic Cooperation, or APEC, has 21 member states representing the Asia-Pacific region. The Asia-Pacific Economic Cooperation has brought the concept of regionalism to Asia. Since the Asia-Pacific Economic Cooperation's trade volume accounts for 47% of world trade, it is regarded as a very important regional organization. From the 1970s to the 1980s, the economic development of the Asia-Pacific region was very rapid. During this period of time, the four Asian tigers developed, and some countries developed from relatively underdeveloped economic conditions to industrialization. With the growth of mutual economic dependence, this organization was established in 1989. Today, the goal of the organization is to jointly strengthen the ties between member states and non-member states and enhance regional economic growth. Regarding trade in particular, the Asia-Pacific Economic Cooperation Organization hopes to enable industrialized member countries to achieve free trade in 2010, and to enable underdeveloped economies to achieve the goal of free trade in 2020.

第四节　科技领域中的英汉口译应用

随着科学技术的不断进步和创新，新的名词和术语不断涌现出来，这些专业性较强的术语对于一般人来说可能并不熟悉。科技口译的任务就是在各种科技会议、研讨会以及国际合作项目中，将科技领域中的复杂概念、专业术语以口译形式精确传递给听众。科技口译人员需要具备广博的科技知识和高超的术语理解能力，同时具备流利的口语表达和准确的翻译能力。他们需要密切关注科技领域的最新动态，了解各种前沿技术的发展趋势和应用情况，以便能够准确理解和传递相关信息。科技口译对于科技工作者和产业界来说尤为重要，因为科技领域的合作往往涉及国际的交流和合作。科技口译的准确性和专业性，可以帮助不同国家和地区的科学家和工程师更好地沟通和合作，促进科技的发展和交流。科技口译在推动科技创新和国际科技合作中发挥了重要作用，对于解决全球性的科技问题具有重要意义。

正是由于这些因素，所以，不是一般会外语的人就能马上做科技口译的。科技口译人员必须是经过专业学习的人，在专业和外语都过硬的条件下，才能胜任这项工作。专业词汇指某一专科或专业所用的词汇及术语，其特点比较单一、精确、一词一意。从专业词汇的来源及构成上看有以下特征：第一，部分专业词汇来源于英语词汇；第二，部分专业词汇来源于拉丁语及希腊语词根或其词缀的词汇。来源于英语的科技词汇又可分为两类：一种是专门的科技词汇，另一种是半专业化词汇，即指这些词汇同时兼具普通词汇和专业词汇。例如，action的普通词义是"行动，行为，活动"，但当它用于指某一特定方面时便具有特殊及专业性很强的词义，用于军事指"战斗"；用于钢琴指"机械装置"；用于法律指"诉讼"；用于娱乐指"赌博"；用于文学指"小说的情节"等等。再如，plate的日常词义是"盘子"，用于电子学指"阳极"；用于动物学指"板型器官"；用于医学指"假牙托"；用于建筑指"横木"；用于摄影指"感光板"；用于采矿业指"碟形粉末"等等。从科技词汇的构成上来看也较为繁杂，有合成法、缩略法、转化法、混成法、截短法等。在科技口译中，口译员对于科技英语的语法构成及词汇构成要了如指掌，以便得心应手地翻译。现代社会的高速发展，使得科技口译也势必成为越来越受到人们重视的领域，越来越会广泛地得到运用和推广。

不管是旅游口译、商务口译、政务口译还是科技口译，它们既有共同性，同时又各自具有独特性。共同性体现在英语的基本构成和表达上，对于口译员来讲，都必须经过理解与表达两大环节，都是将一种语言所表达的内容用另一种语言来再现这样一个过程。翻译的标准都是相同的，即快速、准确、清晰、简洁、规范。除此之外，对于口译员的素质要求是一样的。所不同的是译者从事的领域不同，接触到的词汇不同，翻译的难度相对而言有所不同。现在科技口译主要体现在科技会议、技术谈判、设备安装、情报监听翻译等方面。

【例1】For the average computer user, the release of one-gigahertz chips translate into less waiting time for computers to complete their tasks. For software and hardware developers, it opens the way for new products which could not have run on earlier machines using slower chips. These include products dealing with voice recognition, complex financial computations, graphics applications, voice and video communications, games and electronic commerce. A technology entrepreneur who is a native of Bombay, India, says the release of such fast new computer chips will also speed up the process of bringing new technologies to developing countries. He says there is a trickle-down effect, in which the release of such powerful new computer chips pushes prices down for slightly older and slower chips. So what this will mean is higher and higher speed, obviously it makes the cost of lower speed machine much cheaper and as a result more accessible to developing countries.

译文：对于普通的电脑用户而言，吉赫芯片的问世意味着他们等待电脑完成工作所需要的时间将会减少，对于软件和硬件开发商来说，这意味着他们能够开发那些以前无法在装有速度较慢芯片的电脑上运行的新产品。这些新产品将涉及很多领域，例如语音识别，复杂的金融计算，图表应用，语音和视像通信，游戏及电子商务等。在印度孟买出生的一位技术企业家认为，速度如此之快的新电脑芯片的问世将加速发展中国家引进新技术的进程。他说这会产生一种滴入式效应：如此强大的电脑芯片一旦进入市场，那么一些型号稍旧，速度较慢的芯片，其价格就会下降,这意味着电脑运行的速度越来越快,那些速度较慢的电脑价格肯定会降低,因此,发展中国家也更有可能买得起这些电脑。

这里有几个单词很关键,如 gigahertz 吉赫、trickle-down 滴入式的、chip 芯片。此外对 release、accessible、translate、recognition 等词的理解与翻译也是准确理解原文的关键词语。这段原文中不但体现科技词语翻译,同时还有商务方面的知识翻译,译员要懂得这段话中涉及区域市场和世界市场的产品销售问题。

【例2】Without regular supplies of some hormones our capacity to behave would be seriously impaired; without others we would soon die. Tiny amounts of some hormones can modify moods and actions, our inclination to eat or drink, our aggressiveness or submissiveness, and re-productive and parental behavior. And hormones do more than influence adult behavior; early in life they help to determine the development of bodily form and may even determine an individual's behavioral capacities. Later in life the changing output of some endocrine glands and the body's changing sensitivity to some hormones are essential aspects of the phenomena of the phenomena of aging.

【译文】荷尔蒙的供应量不足的话,人的行为能力就会受到严重削弱,如果再缺少其他方面的要素,人就会死亡。某些荷尔蒙只有一点,它就能改善人的情绪和行为,增进人们的饮食欲,使人们激奋,谦恭,还可以改变人的繁殖和抚育状况。而且荷尔蒙不仅仅是影响成年人的行为,当人处于孩童时期时,荷尔蒙有助于人的形体发育,甚至能够确定一个人的行为能力。而到中老年时,一些内分泌腺分泌量的变化和人体内对某些荷尔蒙的敏感性的变化是人衰老这种变化的重要原因。

这段话中的生疏词及专业词要比上段稍多些,是译者翻译时遇到较多障碍的例子。如:hormone 荷尔蒙; impair 减少; inclination 倾向; submissiveness 服从; endocrine 内分泌; gland 腺等。译者在翻译此段落时应具备基本的医学知识,最起码语言要译得专业些,不至于说外行话。在这段中体现的翻译技巧为被动语态的翻译,介词的翻译等。

【例3】Internet users around the world are being warned about the threat posed by an aggressive form of cyber-sabotage known as the "code red worm". Experts say it could cripple the world wide web if precautions are not taken. Somewhere in the world, someone released the code red worm virus into cyberspace, so named because if its ability to burrow into the Internet, infecting everything from routing systems to individual computers. As it spreads and mutates, it also slows web traffic and can deface or cripple web sites.

译文：现在全世界范围通知互联网用户，有一个叫做"代码红色蠕虫"的网络病毒，极具攻击性，正威胁着电脑用户，专家称如果不采取防范措施，这种病毒可能会破坏国际互联网。这是有人在某个地方制造病毒并向国际互联网释放了这个"代码红色蠕虫"，之所以这么称它是因为它可以钻入互联网内，感染从路由器到个人电脑上，在其不断传播和变异的过程中，它使互联网的传播速度变慢并能使电脑画面消失或破坏互联网网站。

这里选的是新经济时代的网络科技内容，里面有几个新词。词汇是翻译过程中的一个重要挑战，因为它涉及语言的特定表达和语法结构。译员可以通过灵活运用学过的翻译技巧来应对这个挑战。尤其在汉译英科技口语的翻译中，译员需特别注意英语的惯用表达和专业术语的英译，同时运用拆句、合句，甚至改变句子结构等方法。此外，译员还需重视中文中虚词的处理方式及汉语无主语的翻译问题。在中英两种语言之间进行互译时，虽然存在共同点，但也存在一些差异。因此，译员需要根据具体情况、对象、环境和内容等因素及时调整翻译策略。可能需要采取增减词或变词翻译等方法。总之，在两种语言互译过程中，既有相同的地方，又有不通的方面。需要译员根据情况、对象、环境、内容等及时加以调整。

【例4】晶体管起初只是用以取代回路中的一个部件，即真空管。后来，人们开始把大量晶体管装置在一片只有手指甲大小的硅片上，再后来，人们在同一片硅片上能够装置即使不是数十亿个，也至少是数百万的大电路。

译文：It took transistors from just being a replacement for tubes—one element in a circuit—to being able to put them all together on a single chip, a single piece of silicon no bigger than a finger nail, and have millions if not billions of circuits on a single chip.

科技翻译通常倾向于直译，即尽可能准确地将源语言的词汇和结构转化为目标语言。这是因为科技领域的专业性要求对术语和概念的准确传达。然而，有时候在将科技内容翻译成目标语时，译员可能会面临一些困难，例如难以把握源语言的表达方式或内容过于冗长。在这种情况下,译员可以采用意译的方式,以简洁的词语来翻译,更注重传递信息的意思而非逐字逐句的译文。

【例5】传统的燃料电池是一大堆挤压在一起的石墨板,而我们又不缺少生产垫板这类材料,所以我们就用像印制电路这样的方式重造燃料电池。这样的话,电池一直顺着这种装置的表面排列,跟太阳能电池的设计很相似。

译文:A conventional fuel cell is a big stack of graphite plates you squeeze together, and you've got all these gaskets and things. So we re-built the fuel cell in the printed circuit-like manner, where the cells are all along the surface of the device, very similar to how a solar cell is designed.

科技口译事实上是将科技领域的专业术语和知识翻译成目标语言,但在译文形成后,其口语风格的表达是否符合译入语的口语特点是一个重要考量因素。在科技领域的口译过程中,可能会出现一些专业术语,如"gasket"(垫片)、"graphite"(石墨)和"a stack of"(一堆)等,这些词语可能不太符合目标语言的常用口语表达,这就需要译员在翻译过程中灵活运用不同的翻译技巧和策略,以确保最终译文的自然流畅,并符合口语的特征。这需要通过多接触、多实践和多练习来提高口译员的口语表达能力。在面对这些词语时,译员可以考虑使用类似的目标语言术语,但也要权衡上下文和受众的需求,确保译文易于被理解。此外,根据不同语境,译员还可以选择使用常见的口语表达,以增加译文的口语性。

第五章　新时代口译技术的应用与发展

人工智能（Artificial Intelligence, AI）自 1956 年首次被提出后，经过多年的发展，现已成为引领未来的战略性技术。世界主要大国把发展人工智能作为提升国家核心竞争力的重大战略。人工智能已成为国家或地区战略，不断为经济社会发展注入新动能，并深刻改变了人们的生产生活方式。本章主要介绍了新时代口译技术的应用与发展，包括口译技术对口译服务的影响、新时代口译人员的技术能力、口译技术在未来的发展趋势三个方面。

第一节　口译技术对口译服务的影响

当前，人工智能正处于爆发式增长期和大规模商用阶段。在口译教育领域，人工智能技术已经实现从智慧口译课堂到智慧口译模式的飞跃式发展，全球口译教育即将发生重大变化。在口译实践中，电话口译、远程视频口译、在线口译等丰富的形态不断涌现；口译术语管理软件、口译自动转写、便携翻译机、智能口译笔等现代化技术和工具相继出现；智能机器口译技术和人机耦合口译技术在国际会议上崭露头角；网络众包口译平台、LBS（Location-based Service）口译平台、云端口译教学平台等新方式方兴未艾，这些都悄然改变着口译教育生态环境。

在这样一个技术创新的时代，人工智能技术的发展对人们学习知识、掌握知识、运用知识提出了新挑战。新时期的语言服务呼唤新一代的译员，要求译员快速适应新的语言服务特点和新的服务模式。在新的作业模式下，劳动者（译员）采用的生产工具，对劳动对象的认识、处理及加工方式也会有所改变，这些变化远远超出了传统翻译教育者的视野范围。随着口译市场的快速发展和变化，译员的职业化和工作环境的数字化、智能化对译员能力的培养也提出了新的要求。

以大数据、云计算、人工智能为代表的新技术正席卷各行各业，影响着人们生活的方方面面，也对翻译行业产生了重要的影响，当前的语言服务呈现出翻天覆地的变化。对于现代口译员而言，电脑、互联网、电子邮件、电子词典、语料库、计算机辅助翻译软件也成了必不可少的装备。这与传统译者使用的"老三件"（纸、笔和纸质词典）形成了鲜明的对比。信息技术改变了口译员译前准备的工作方式，使之可以使用专业工具快速查阅专业资料，利用远程设备辅助口译，更高效地应对复杂多变的口译活动。在口译实践、口译培训中使用到的综合技术，包括对口译过程（编码、输出、传递、输入、解码、贮存）进行辅助及处理的多种技术可以被视为口译技术。口译技术已经快速渗透到口译的方方面面，对口译活动产生了重要的影响。

一、口译服务模式

技术的数字化和自动化发展，正在创造新的工作模式。机器口译开辟了全新的口译模式和更多的口译场景，覆盖了传统口译服务不能覆盖的领域，让本来享受不到口译服务的人群获得了口译服务。在口译技术驱动之下，出现了"同交传"和"交同传"的混合模式，使口译实现了从传统的单一人工口译模式走向人机耦合、人机互译模式。利用交互式机器翻译技术，讲话者的声音被识别后以文字形式同步在屏幕上，译员从以"听译"为主变成"听译"与"视译"的融合。口译的接受模式从单纯的耳机频道模式，到语音文字同步再到多语言音视频多屏呈现的多模态形式。智能翻译笔、便携翻译机、智能口译App等多模态的口译服务模式促使口译用户群体、消费市场、消费模式发生了巨大的变化。

利用远程视频口译（VRI）系统，口译员可超越时空限制提供交传或同传，实现"不在场"犹如"在现场"的效果。Cadence（楷登电子）、Voicebox（语音生成式人工智能）等倡导组建全球口译技术联盟，加强口译技术创新和应用。LanguageLine（美国口译服务公司）的远程口译系统（In Sight Video Interpreting）深受欧美很多医院、医疗协会及政府机构的青睐。无论是 iPhone 还是 Android 终端，是城市还是偏远乡镇，只要网络良好，均可借助该系统获得专业的口译服务，包括经过专业机构认证的手语翻译服务。VRI模式可以提高口译资源的利用率，减少口译员的出差时间和费用。

二、口译服务效率

"工欲善其事，必先利其器"[1]，在 AI 时代，先进的口译技术为口译工作带来了革命性的变化，极大地提升了口译的效率和质量。一方面，在口译过程中，AI 技术可以作为辅助工具，提供实时的语音识别和翻译功能。口译员可以使用语音识别技术将讲话内容转化为文字，然后再使用自动翻译技术将文字翻译成目标语言。这样可以极大地减轻口译员的负担，提高口译的准确性和速度，使口译信息的传输更加迅速和高效。另一方面，AI 技术还可以为口译员提供海量的知识和信息支持。口译员可以通过互联网和智能设备随时获取各种科技领域的相关资料、术语解释、技术翻译等信息，使口译员在科技口译中能够更全面、准确地理解和传递信息。同时，AI 技术的发展也为实时远程口译提供了可能。通过视频会议和远程通信技术，口译员可以不受地域限制，实时参与跨国会议和活动，为不同语言背景的人们提供口译服务。这种方式不仅能够节约时间和成本，还可以实现实时互动和信息共享，促进国际的科技合作和交流。

当计算机和人脑使用不同的机制处理语音翻译问题时，计算机的优势在于可以快速准确地对每个语素进行解码翻译，但是由于语音的多义性和意义的模糊性会让计算机难以将复杂的句子翻译好。而人脑则相反，一位称职的口译员不会因语音的多义性和句意的模糊性影响到自己的理解或释意，反倒是句子的长度、语素的数量影响到了口译员的记忆，进而影响到翻译的全面性和准确性[2]。计算机与人类间的优势互补使人机结合的口译成为可能，这方面的研究一般被纳入"计算机辅助口译"（CAI）的范围。计算机和人取长补短，人主要负责语义理解，记忆工作则交给计算机来处理。计算机迅速完成对语素的解码翻译，为口译员提供参考借鉴，口译员基于自己的理解，选择合适的词语和句法结构，最后生成译文。

计算机辅助口译即以口译员为主体，利用搜索引擎技术、机器翻译技术、翻译记忆技术、语音识别生成技术，借助于互联网、语料库、专业术语库等资源，高效精准地完成译前准备、译中语音听辨、参考译文生成、译语输出（生成字幕），从而完成口译全部过程。计算机辅助翻译能够帮助口译员减少没有必要的重复劳动，提高口译工作的效率。机器翻译技术能够实现译前多语言快速翻译、译前复

---

[1] 叶子. 工欲善其事，必先利其器 [J]. 闽南风，2006（3）：29-29.
[2] 林小木. 计算机辅助英译汉口译实证研究 [D]. 济南：山东师范大学，2013.

杂文档快速翻译、译中参考译文生成等功能，提高口译员译前准备效率和译文准确率；语音识别技术能够实现译中语音听辨功能；语音生成技术能够实现口译语料录音及转写功能，可根据需要实现投屏或者 App 展示。使用口译工具不仅明显提高了译员口译产出的准确度，还可以帮助译员改善译语冗余的现象。

口译员通常要在紧急的时间中面对自己不熟悉，甚至是完全陌生的任务，这时候利用传统方法查阅纸质字典或参考材料通常很难解决问题。利用各种搜索技术和工具（如口译术语库、翻译记忆库、双语平行语料库、会议口译语料库等）可快速获取有效信息，直接提升口译效率。研究显示，语料库驱动的译前准备可以帮助口译员提高他们在专题工作中的表现。通过基于语料库和自动术语提取技术的实验说明技术可以提高口译员的效率。口译员利用专门的 Interpret Bank（云端同步口译辅助工具），可以提高口译文本中术语翻译的准确性和完整性。机器翻译系统通常可以提供海量的、不断增长的、垂直领域的专业资料库，能够帮助译员快速处理口译原文中庞杂的信息（如多语言混杂），甚至直接为客户提供高速低廉的翻译解决方案。比如，客户在译前为口译员提供一份参考的 PPT，口译员可以将文稿导入在线翻译系统（如云译通、芝麻译库、译马网等），就能很快地获得一份译文，口译员用这种方法可快速了解要翻译领域的主要情况。机器口译系统也可以快速提供专业术语的翻译，降低口译员记忆负荷，辅助快速判断，提升口译反应速度。用户提供的资料（如语音资料）、口译中出现的错误输入、停顿、口译反应过程等经过技术处理，都可以成为宝贵的语言资产，供口译机器系统学习，进而提高口译机器系统的准确性。有条件的口译员，也可以和机器口译提供商合作，获取相关的资料，供后续关联性的口译活动参考，从而提高口译的效率。

口译技术给口译造成的影响还包括对口译能力、口译职业、口译过程、口译质量、口译市场、口译员身份、口译员健康、口译伦理、口译管理、口译培训等诸多方面造成的正面和负面的影响。在新的时代，AI 技术助力口译的模式已经发展成为互动融合与加速转化的趋势，影响将会越来越深远。人们必须清楚认识到新时代口译活动对口译员能力的要求也随之提高，培养口译人员的技术能力势在必行。

第二节　新时代口译人员的技术能力

口译是一项高劳动强度的活动，技术手段可以极大地降低口译的劳动强度，提升口译员服务能力。无论是人工口译、机助口译，还是自动口译，在现代口译活动中，信息技术都发挥着使能、助能、赋能的多重作用。技术在译前、译中、译后多个环节为口译员提供不同形式、不同程度的帮助，如快速地获取专业领域知识、抓取语义摘要信息、提取专业术语知识、厘清原文逻辑关系、管理口译语言资产等。熟练使用各种技术和工具的口译员，其综合服务能力通常要高于不会使用工具的口译员。具备良好的信息思维、熟练使用口译技术和工具解决口译问题的能力成为现代口译员必备的基本技术能力。

结合口译工作的特点，尝试对口译员应具备的技术能力构成进行分析。新时代口译员应该具备的主要技术能力包括计算机应用、信息检索、术语管理以及计算机辅助翻译等技能，四者之间具有密不可分的联系。从知识范畴和口译过程来看，四者交叉重合、环环相扣、相辅相成；从技术层次来看，计算机基本应用能力是口译员必备的基础能力，为其他三种能力的形成、培养和提升提供必要的信息素养前提。信息检索能力是现代口译员科学、高效地收集与口译主题相关专业知识的必备技能，其中也涉及术语的搜索和验证；术语管理及技术应用是口译员系统地建立和积累口译专业术语知识库的专业能力；计算机辅助翻译应用能力属于口译员更高层次的综合技术能力，可为日常口译技能培养、语言转换能力提升、现场口译工作多个环节以及译后口译活动总结和质量评估提供必要的、持续的、高效的技术支撑。由此，从下到上、由浅入深，形成一个技术能力金字塔模型。下面将逐一阐述在整个口译过程中（译前、译中和译后），口译员应该具备的技术能力。

一、计算机操作能力

计算机操作能力是指在口译活动中，译员能够熟练运用多种计算机操作的基本技能。在现代翻译活动中，无论是单个口译项目的各个阶段还是口译员的自我学习和提升,都离不开计算机的辅助。比如在译前准备阶段,口译员往往需要整理和翻译一些常见如 PPT、Word 和 PDF 等格式的文档,如果口译员能适当了解计算机相关的数据库和编码知识,熟练应用基本的电脑知识和文字处理工具(Microsoft Office 编辑与排版),掌握常见的文档编辑与管理技术和工具,比如使用 ABBYY FineReader(光学识别工具)进行 PDF 文档快速转换,则能直接改变译者获取信息的速度、广度和深度,进而影响译者的翻译效率及翻译质量。同时,随着信息技术在口译工作中的应用,口译员需要掌握基本的电信和数字化处理技术。对于远程电话口译和远程视频口译来说,口译员需要熟悉相关的通信技术和设备操作,包括网络通信、音频和视频传输等方面的知识,这样才能保证口译过程的顺利进行。熟练掌握常见的口译培训系统是口译员的必备技能之一,可以帮助口译员更好地进行口译培训和实际口译工作,提高工作效率和质量。可见,计算机操作能力是口译员技术能力的必备基础。

二、信息检索能力

在当今社会,信息量、信息传播的速度、信息处理的速度以及应用信息的程度等都以几何级数的方式在增长。信息技术的发展对人们学习知识、掌握知识、运用知识提出了新的挑战。在信息更新速度飞快、知识范围日益拓展的大数据时代,如何快速、准确地获取有效的信息和知识在人类的工作生活中的地位也越来越重要。在当今社会,由于信息的爆炸式增长,智商和情商已经不足以全面评估个人的能力。搜商强调的是人们通过有效的搜索手段来获取新知识的能力。搜商的本质特征是搜索,即通过合理的方法和工具,在庞大的信息海洋中快速地找到所需的知识。搜商需要译员具备识别信息来源的能力,筛选、整理和综合大量的信息,并汲取其中对自己有用的知识。与传统的智商和情商相比,搜商注重的是如何从海量的信息中找到准确、有价值的知识,并能够灵活地运用到实际问题中去。其衡量公式为:$SQ = K/T(C)$,其中 SQ、K、T、C 分别表示搜商、知识、时间、搜商指数(社会平均知识获取能力)。搜商是知识和时间的商数,其更关注获取有效知识的效率。而效率问题也正是传统的智商和情商所不能度量的问题。因此,搜商是一种与智商、情商并列的人类智力因素,也是人类在信息时代需要具备的第三种能力。

信息技术的快速发展对翻译行业带来了深远的影响。在现代社会中，科研、商业、工业、农业等各行各业都需要快速准确地获取信息和知识来获得竞争优势。信息技术的突飞猛进对翻译工作产生了深远的影响。科技进步速度的加快使得信息更新速度和信息量也同步剧增。翻译水平不再仅仅取决于译者自身知识储备的多少以及语言水平高低，还取决于从海量的信息中获取所需信息和知识的快慢。

在语言服务全球化、商业化背景下，译员通常要在紧急的时间中承担自己不熟悉或是完全陌生的任务，这时候查阅纸质字典根本无法解决问题，译员高效地利用信息平台搜索、提取和总结信息的能力便成为关键。德国柏林图书馆门前有这样一段话："这里是知识的宝库，你若掌握了它的钥匙，这里的全部知识都是属于你的。"① 这里所说的"钥匙"是指信息检索的能力和方法。在互联网和本地计算机上快速、准确地查找自己所需要的资源已经成为一个译员必备的基本素质。上述这些是译员进行翻译活动所具备的定向的搜索能力，这就是译者的"搜商"。

市场需求量的增加，使得口译人员译前准备的时间逐渐缩小，时间压力越来越大，提高效率的需求也越来越大。口译人员每天都可能接到会议口译工作，从事单一领域的口译员寥寥无几。通常来说，口译人员所要面对的口译领域可以说五花八门、无所不包。为此，提前做好与口译相关主题知识的准备极为重要。面对众多热门的领域，如能源、生物制药、航空航天等，新事物、新发明、新现象、新术语更是层出不穷，知识更替较快，这要求译员拥有快速搜索和学习的能力。

口译人员在译前准备、术语查询、语料查询、翻译验证等方面都需要网络信息的支持，需要具备较高的"搜商"，才能够在单位时间内快速、准确地搜索到自己想要的信息。口译人员如果是第一次接触某专业，仅是理解其中某个知识，就需要参考很多资料（如专业书籍、辞典、往届会议资料等）才能确定其含义。但如果通过搜索引擎进行快速定位，缩小搜索范围的话（如直接进入专业门户网站或专业数据库），获取背景资料的效率将会倍增，从而可将节省出来的时间集中用于翻译本身的准备。口译人员必须了解并在实践中不断使用各种搜索引擎、资源网站引擎、平行语料库、在线词典、视频、音频、图片等其他文件格式检索，加强网络挖掘信息和分析信息的能力。有了检索手段和检索方法，积累了各种搜索引擎，口译人员平时还要做自己的数据库，按照专题分类，形成站内检索。如

---

① 乔好勤. 谈谈高等学校的目录学教学问题[J]. 高校图书馆工作，1981（1）：4.

果有自己的网站、博客或者论坛进行发布，或者找到相应比较专业的网站、博客和论坛进行发布，也可以促进信息共享，同时自己也能获得大量的、更深层次的专业知识。

此外，还可通过图片搜索的方式，快速了解专业领域的具体描述对象的形状、结构和相关属性。比如"hamin"这个词，词典通常给出"乔伦特"或"安息日午餐"的翻译。但该食物仅存在于西方文化中，属于特定文化语境下的专属词汇。这类在译员文化储备中不存在的词，往往很难通过言语表达。因此可借助Google或百度进行图片搜索和验证，快速了解"乔伦特"这一食物的组成，帮助译员生成记忆图。根据搜索图片下方的补充文字，译员可以轻松地为"hamin"增补信息，即译为乔伦特———种犹太炖菜。

计算机技术的发展和网络技术的普及，语料库工具的开发促进了语料库技术的迅猛发展。越来越多的教师和译员认识到语料库在翻译实践中的作用，一些大型的语料库以光盘的形式公开发行（COLT、LLC），通过网络共享（如BASE、BNC、BOE、COCA、OLAC、TEC、联合国文件数据库、微软术语库等），还有多种双语句库（如Bing句库、CNKI句库、Linguee句库、MyMemory句库、TAUSData句库、TMXMALL句库、百度句库、句酷句库、有道句库等）。与在线语料库相关的工具成为现代翻译必不可少的参考资源库，极大地便利了翻译工作。语料库解决了大规模语料存储的问题，译员可随时查询、对比、验证海量的语言资源，成为提高翻译质量和效率的重要保障。

除了网络搜索和语料库搜索之外，译员还需要熟练掌握桌面搜索工具。桌面搜索工具是一种在用户的本地计算机硬盘中执行搜索的工具。它不需要像搜索引擎那样借助互联网来实现搜索。一般常见的桌面搜索工具主要有百度硬盘搜索、光速搜索、火萤酱等。这些桌面搜索工具可通过全文或文件名搜索帮助口译人员节省大量查找资料的时间。译员可以在自己电脑上收藏许多专业的术语资料，例如要快速翻译"三八红旗手"这个术语时，译员无须上网，可使用桌面搜索工具对自己收藏的术语表进行全文搜索。本地收藏的术语表一般都是经过译员事先筛选确认的，而搜索引擎呈现的搜索结果往往还需要译员去判断正误，所以在这种情况下，使用桌面搜索工具搜索比直接在互联网上使用搜索引擎进行搜索效率要高很多。

三、术语管理能力

在现今诸多的口译活动中，国际会议往往是相关领域最新发展趋势的风向标，对专业术语的涉及越来越多，译员往往又不是该领域的专家，这就对译员构成了挑战，术语的译前准备也显得格外重要。例如，在某一文物会议口译上，考古学者一上台就说出了一长串的专业术语（如陶瓷、瓮棺、陶甑、锛形器、刮削器、镞形器、锥形器等）。试想，如果没有充分的术语准备，译员一上台就可能出现卡壳的现象。译前的术语准备工作可以通过现代化的术语管理技术和方法实现。

在语言服务过程中，术语管理是为了满足某种目的而对术语资源进行管理的实践活动，包括术语的收集、描述、处理、存储、编辑、呈现、搜索、维护和分享等[①]。口译人员可能经常做某些领域的口译，需要收集这些领域的专业术语，译员可以通过术语管理工具建立起自己的"术语数据库"。此后，在接到相关口译任务时，译员就可以在平时积累的基础上，通过电脑或终端设备，在有限的时间内进行快速搜索和强化记忆。在每次口译任务结束之后，对术语数据库内容进行更新，方便后续使用。

目前大多数口译人员仍然在使用小纸条或者纸质本来记录翻译信息或者术语，但在口译活动结束之后，这些资料通常很难积累保留。利用术语库则有诸多优势，术语库中包含的信息更广，如术语的定义、语境、使用状态（采用或者弃用）、用法说明、语法信息、同义术语、缩略形式乃至公司的商标与知识产权保护等信息。现在利用手机软件或者电脑软件来管理术语，可以有效提高口译工作效率及工作质量。术语数据库已经逐渐转向术语知识库，口译人员的术语管理也成了知识管理。此外，术语库有助于术语共享。以国际会议口译为例，通常是两人或多人协作翻译。在活动开始之前，口译人员通常是分头准备各自的资料，以传统的方式记录在纸质的笔记本上，这很难实现术语的共享。通过术语库管理，口译人员可以在准备阶段实时沟通和实时共享，从而快速熟悉相关领域的术语，保持术语一致性，提高效率。

术语管理工具通常有单机版和网络版两种。口译人员通常是跨地区作业，基于网络的术语管理系统更为合适。下面介绍两款常用的术语管理工具。

[①] 王华树，张政. 翻译项目中的术语管理研究[J]. 上海翻译，2014（04）：64-69.

Interpret Bank 是一款简单的术语以及知识管理软件，对口译人员和笔译人员都适用。它可以帮助翻译人员管理、学习、查找术语以及术语的相关信息。它的模块化结构可以引导口译人员的整个翻译过程：从术语的创建以及管理到口译人员工作的时候查找术语。Interpret Bank 同时也有 Android 版本，叫做 Interpret Bank Lite，可兼容双语或三语语料库。Interpret Bank 有一个友好的用户界面，可以帮助译员存储不同格式的术语表。

Interplex UE 是另一款友好的术语管理软件。它将相关主题的术语整合到一个多语语料库中。该软件使得多个术语库同时打开，当口译人员工作的内容跨越多个领域的时候，该功能非常有用。Interplex UE 可在 Windows 环境中工作。在 IOS 系统中，版本叫做 Interplex HD。

术语管理能够节省口译人员的时间，切实地节约成本，在知识资产重复利用和品牌一致性方面都会有良好的回报；也使需要口译服务的企业能与其遍布全球各办事处或分支机构的员工、服务提供商、合作伙伴和客户沟通、分享和解决与术语相关的问题，获得一致的术语，有效促进沟通。

通过术语管理系统，译员可以在译前、译中、译后系统地积累口译知识库，为以后的翻译做好准备，同时，还有利于对口译经验的总结和研究。

四、计算机辅助翻译工具应用能力

以计算机、网络和通信技术为主体的信息技术革命，已渗透到社会的各个领域，科技的力量已经影响到社会生活的方方面面。长期以来，语言学家和自然语言处理专家一直致力于追求人工智能的梦想，让计算机实现全自动化的翻译技术，以解决与日俱增的语言翻译和交流的问题，因此计算机辅助翻译技术和工具应运而生。

广义的计算机辅助翻译技术涵盖译者在翻译过程中可能用到的提高翻译效率的信息技术，例如，译前的编码处理、可译资源提取、字数统计、任务分析、术语提取等；译中的片段复用、搜索验证、术语识别、进度监控等；译后的格式转换、模糊匹配、自动化质量保证、语言资产管理等；以及语料自动对齐、机器翻译、语音输入、语音翻译等技术。接下来主要探讨翻译记忆技术、语料对齐、语音翻译和机器翻译等对口译有直接影响的技术应用。

（一）翻译记忆技术

在信息技术飞速发展的今天，在大规模的翻译生产中，计算机辅助翻译（Computer Aided Translation，简称 CAT）工具的使用能够大幅度提高翻译效率。据调查，国际上近 85% 的译员都在使用辅助翻译工具，更多的翻译需求方也开始要求语言服务企业使用如 Trados（塔多斯）等辅助翻译工具，用此类 CAT 工具进行译文处理之后的文档格式和内容大都可与企业的信息管理系统兼容，便于统一管理，提高效率。

专业的口译人员避免不了做与口译相关的素材整理和文档翻译，且他们通常是专注于某些领域的翻译。在口译人员工作前，他们需要时间来准备充足的资料。如果口译人员运用合适的资料管理工具，那么将会产生更好的输出。利用计算机辅助翻译工具，随着项目的进行，术语库、项目词典以及翻译记忆中的匹配资料会越聚越多，为将来的翻译提供了极具价值的参考。口译人员借此可以积累与主题知识相关的翻译语料库（或翻译知识库），方便在译前查询、熟悉领域相关的资料。通过共享翻译知识库，还有助于不同口译人员之间翻译风格的统一，减轻后续的负担。

（二）文本对齐技术

此类技术主要包括自动化的对齐工具和文本处理工具，如 ABBYY Aligner、Bitext2tmx CAT bitext aligner、Dejavu Alignment、memoQ LiveDocs、SDL Aligner、Tmxmall Aligner、Transmate Aligner、Paraconc、EmEditor、UltraEdit 等。口译人员利用此类工具，平时可方便建立单语语料或平行语料库、进行自我培训、熟悉相关专业知识、加强领域专业背景学习。如果客户事先提供与翻译相关的双语资料，如产品的双语介绍、双语的演讲稿件，通过对齐工具可以使之快速变成双语语料库，方便译员可以针对某个具有难度的语言片段或专题内容进行强化训练。在口译活动结束之后，还可将活动过程中出现的新内容、新资料更新到语料库中。

（三）语音识别技术

在信息技术迅猛发展的时代，语音识别和即时语音翻译技术得到很大的发展，智能语音翻译及应答系统等如雨后春笋般迅速蔓延到移动应用市场，如百度语音助手、谷歌语音助手、思必驰语音助手、搜狗语音助手、微软语音助手、讯飞灵犀语音助手、云知声语音助手等,它们已经深入人们的移动生活,帮助人们甩掉了复杂的键盘。这些工具可克服人工键盘输入速度慢的缺点,加快文字输入速度,还可使用语音控制其他应用程序,减轻打字时的疲劳。对于口译人员来说,可以在路途中,如开车途中、火车上、飞机上等,随时地在终端设备上进行语音命令输入,使语音识别系统快速调用搜索引擎、翻译数据库等,方便自己快速查询相关资料,极大地提高工作效率。

(四)机器翻译

随着互联网技术的迅猛发展和世界经济一体化的加速,对机器翻译的需求空前增长。机器翻译的研究也因此迎来了新的发展机遇。机器翻译在各个领域得到广泛应用,包括网站翻译、新闻翻译、论坛翻译、旅游翻译、电子邮件翻译、在线聊天翻译以及口语翻译等。机器翻译的不断更新和升级,从最开始基于规则的机器翻译发展到如今的神经网络机器翻译,使得机器翻译逐渐成为人们日常生活的一部分。机器翻译的广泛应用极大地促进了翻译实践。它能够提供快速、准确的翻译结果,帮助人们在跨语言交流时消除语言障碍。虽然机器翻译在某些情况下可能存在一定的限制,但随着技术的不断演进,机器翻译的质量和性能将继续提升。机器翻译的发展为全球交流、跨文化交流和商务合作提供了便利,同时也促进了不同语言和文化之间的相互了解和学习。

各大搜索网站如百度、搜狗、微软、有道等都推出了机器翻译服务。对于口译人员来说,在译前进行主题知识准备时,通常需要在很短的时间内翻阅大量的专业资料。在这种情况下,机器翻译可以帮助口译人员快速理解背景知识。借助机器翻译,口译人员可以快速将专业资料的大意翻译过来,这有助于他们快速了解文本的内容和背景信息。特别是涉及多个语种或小语种的专业背景资料,其超出了口译人员的语言能力范围,而机器翻译能够提供更多语种的翻译支持,并帮助口译人员快速阅读和理解多语言的专业术语和主题知识。

在2016年的机器翻译研讨会上,爱丁堡大学开发的神经机器翻译(NMT)系统在英译德任务上的表现超过了传统的统计机器翻译系统。这一突破显示了神经网络在机器翻译领域的潜力。根据《2017年互联网趋势报告》,基于谷歌机器学习系统的语音识别准确率已经达到了95%(针对英语)。这一成就展示了机器学习在语音识别领域的高效能。此外,根据统计数据,2018年与神经机器翻译

（NMT）相关的论文在各大权威期刊和会议上共计 93 篇，相比 2017 年上升了 44 篇。[①]这显示出对神经机器翻译的研究和应用的持续增长。近年来，由于人工智能技术领域的迅猛发展，机器同声传译成为重要的研究方向。机器同声传译将机器翻译、语音识别和语音合成等技术有机地结合在一起，为口译实践的发展带来了巨大的推动。机器同声传译的目标是实现实时的口译服务，使得多语言交流更加便捷和高效。

1. Translatotron（直接语音翻译系统）

Translatotron 采用了端到端的技术，直接将源语言的语音翻译成目标语言的语音，省去了传统的语音到文本再到语音的中间过程。这种直接的语音到语音翻译方式，使得翻译过程更加高效和快速。与此同时，Translatotron 还能保留说话人的声音特征，包括说话的节奏和语音的语调。这有助于提供更加清晰和自然的翻译结果，更准确地还原说话人的语音特点。

Translatotron 的端到端技术和保留声音特征的能力，提升了翻译的速度和效率。传统的语音到文本再到语音的转换过程中可能存在一定的延迟和信息损失，而 Translatotron 的直接语音转换方式避免了这些问题。

谷歌 Translatotron 语音系统的推出为语音翻译领域带来了新的技术突破，使得翻译过程更加高效、准确和自然。这对于提升跨语言交流的效率和质量具有重要意义。Translatotron 语音系统模型结构如图 5-2-1 所示。

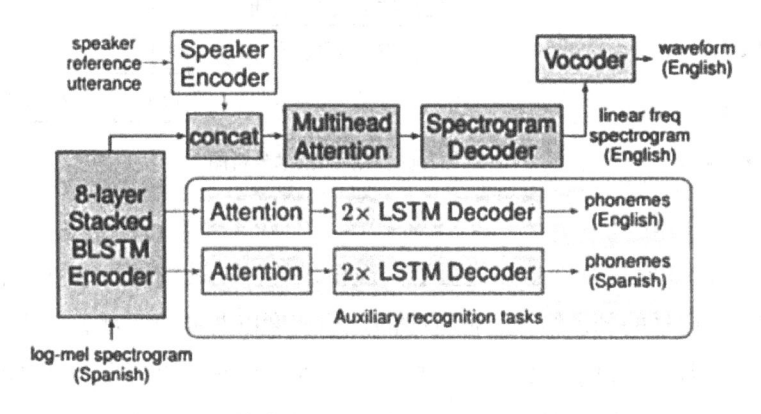

图 5-2-1　Translatotron 语音系统模型结构

[①] 杨金蕊，赵春泉. 翻译教学类方向硕士学位论文写作调查——基于 2003—2017 年数据分析[J]. 安阳工学院学报，2019，18（5）：5.

2. 搜狗同传 3.0

搜狗同传 3.0 基于搜狗的"语境引擎",它以"自主学习"和"多模态"为核心,为机器增添了视觉和思维功能。这样的增强使得机器不仅能听到语言,还能看到信息、理解内容并进行推理。搜狗同传适用于不同场景,包括大会演讲、办公会议、视频直播和视频字幕制作等,它提供音视频转写和翻译服务。

搜狗同传通过多模态同传的方式,能够根据现场的幻灯片实时优化同传效果。这意味着,搜狗同传可以结合现场的演讲文稿或幻灯片,对口译翻译结果进行优化和完善。多模态同传的能力使得搜狗同传在口译服务中具备了更多的功能和可靠性,提供了更加准确和高效的翻译体验。通过结合语言、声音和图像等多种信息,搜狗同传能够更好地理解并呈现现场的演讲内容。

搜狗同传 3.0 的创新性特点为多场景的音视频转写和翻译任务提供了便利,改善了同传服务的质量。同时,它还体现了机器学习和多模态技术在口译领域的应用,为口译行业的发展带来了新的可能性。搜狗同传产品技术分析图如图 5-2-2 所示。

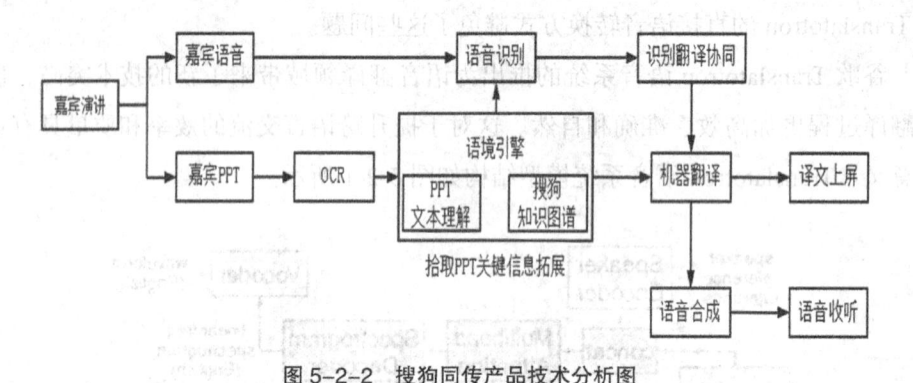

图 5-2-2 搜狗同传产品技术分析图

3. 百度翻译 AI 同传

百度翻译 AI 同传是一款在线机器同声传译软件,其主要特点包括端到端的机器同传、高质量的翻译结果、低延时的传输速度以及便捷的部署方式。在同传过程中,百度翻译 AI 同传支持中、英、日、韩四种语言的切换,用户可以方便地切换语言。通过使用手机百度 App 扫描会议邀请卡上的二维码,用户可以通过"百度翻译同传"小程序实时收听和收看同传翻译内容。此外,用户还可以将会议二维码分享给未能到场的人员,以便让他们通过远程方式接收会议内容。

需要注意的是，目前百度翻译 AI 同传只能在 Windows 环境中运行，对于其他操作系统可能并不支持。因此，在使用之前要确保系统环境符合要求。百度翻译 AI 同传的推出为同声传译提供了更加便捷和高效的解决方案，为语言交流和会议翻译等场景提供了全新的体验。

第三节　口译技术在未来的发展趋势

过去，译员凭借自身硬功夫以单打独斗的方式获得口译市场的竞争优势；未来，这种服务方式将会逐渐被人机结合的服务模式取代。借助 AI 技术发展的东风，口译技术呈现出定制化、智能化、泛在化、平台化等发展趋势。

一、定制化

在人工智能时代，个性化、精细化和信息化的口译需求将得到越来越多用户的认可和青睐。通用的口译软件可能难以满足多样化的口译活动需求。为了提高机器翻译的质量，优质的人工翻译语料是必需的。通过使用专门语料进行训练，系统可以根据特定领域和场景的客户需求来扩展和定制翻译模板。同时，结合大数据资源的支持，融合领域自适应技术，提供定制化的数据获取与加工方案设计，为客户提供标准化、结构化的可用数据，以满足客户多领域、多场景的翻译需求。此外，通过多模态数据（文本、图像、音频、视频、网页等）训练，口译服务供应商或口译员可以拥有自己的口译系统。例如，口译员可以利用如语帆术语宝（Termbox）等术语技术，构建口译专业领域知识。通过自动化术语提取技术，口译员可以更快地找出专业术语，并快速创建具有针对性的术语资源库。这样做可以有针对性地对会议资料进行预处理，提高口译的效率和专业性。

二、智能化

在过去的 5 到 10 年中，人工智能（AI）技术得到了快速发展，其中包括语音语义识别、图像识别、增强现实/虚拟现实（AR/VR），以及区块链等技术与翻译行业的结合。多专家系统技术、机器学习、硬软件一体化和并行分布处理技术的进步推动了语音识别和机器翻译的快速发展。随着增强型自动化机器学习技术的不断发展，AI 系统将变得更加智能。强大的算法可以从庞大的口译数据中发现数据模式，并逐渐演化为更高级的智能系统。这些系统将具备类似于人类的观察、理解、判断和生成各种情感特征的功能。机器口译系统有望在与人进行自然交流时，表现得像真实的口译员一样。这些技术的进步将为口译服务提供更多的可能性和机遇。

AI 技术的发展将使口译领域能够更好地应对多样化的口译需求，提高口译的质量、效率和用户体验。不过，需要注意的是，虽然机器口译系统已经取得了一定的进展，但要真正达到人类口译员的水平，还需要进一步的研究和发展。同时，个性化需求和人工智能的合理使用也需要进行持续探索和实践，以确保技术的应用能够最大程度地满足用户的实际需求。

AI 口译技术与情感计算的融合可以带来更好的用户体验和精确的翻译结果。通过掌握用户的情感状态，并根据情感信息的识别结果作出最适宜的反应，AI 口译系统可以实现更加精确的语音和语义识别，提供更自然流畅的口译服务。目前，AI 口译系统也可以通过优化翻译引擎、集成翻译记忆技术和术语技术，融合统计和神经网络等多种解码算法，达到更高的智能化程度。这将推动智能口译系统的快速发展，并使其应用场景更加广泛，满足交传和同传等多种口译需求。

智能口译系统的发展将大大提升口译的效率和质量。通过结合语音和语义识别的精确性以及情感计算的能力，智能口译系统能够更好地理解和转化用户的意图，提供更准确、流畅的口译服务。随着技术的不断进步和应用场景的扩大，人们可以期待智能口译系统在不同领域和实际应用中发挥越来越重要的作用。

三、泛在化

物联网、互联网+、泛在网络等技术催生了"超媒体""全媒体""泛媒体"的出现，"泛在翻译"也应时而生。移动互联网结合移动口译设备，将泛在的客户需求和泛在服务结合起来，使得任何人可以在任何地方和任何时刻获取所需的口译服务。例如，找翻译（FindYee），基于 LBS（Location-based Service）实时定位系统，能够精准地搜索到垂直领域专业翻译人才及资源，帮助有翻译需求的用户快速实时寻找到专业译员，也帮助译员获得翻译工作机会，实现用户与口译人员的无缝对接。再如，泛在系统可以快速定位手机用户的当前地理位置，然后搜索匹配在用户当前位置范围内可以提供口译服务的译员。

众包口译、社会化口译等新模式将会让全球各地口译员和技术资源得到有效适配和聚合优化，促进口译资源的共享和利用，提高行业效率。移动口译服务、精准口译营销、LBS 口译设备服务、线上线下人机耦合等服务实时呈现和监控口译供求信息，及时有效地对接译员与客户。

5G 网络的出现确实为万物互联带来了强大的基础。5G 网络具有超高无线速度，理论上传输峰值速率可达 10Gbps+。[1] 这使得 5G 网络可以提供超高清流媒体业务，如云 VR/AR、云视频、云会议、云直播等，并支持特定场景下的无线高速宽带接入。这为远程口译和云 VR/AR 口译提供了强大的支持。基于 5G 网络的高效快速特性，结合泛在网络技术，可以更好地满足口译服务对稀缺资源和远程环境需求的挑战。这必将给口译产业带来一场升级革命，推动全球口译事业迈入即时、共享、开放的泛在新时代。

5G 网络的快速传输和低延迟特性可以实现实时的、高质量的远程口译服务，无论是语音还是视频的传输都能更加流畅和稳定。同时，5G 网络的广域覆盖和高容量将使得口译服务更加普及和可访问。此外，5G 网络还将推动云 VR/AR 口译的发展。通过 5G 网络，用户可以实时体验虚拟现实和增强现实的口译服务，提供更加身临其境的口译体验。

四、平台化

在新的数字化经济时代，各类企业都在努力打造创新型翻译技术平台，整合稀有语言服务资源，进行大数据知识挖掘，并激发用户参与，实现平台化的协同服务。不论是互联网巨头、新兴翻译技术平台企业，还是传统转型的翻译企业，都在积极探索新的商业模式和服务方式。目前，国际化企业如谷歌、微软、百度、腾讯、搜狗以及新译、云译等，拥有庞大的用户基数、丰富的技术积累和雄厚的资金实力。它们通过提供开放的机器翻译接口，创建多元化多功能产品，重塑商业服务模式，并逐步构建完善的资源集聚生态平台。这些平台通过整合各方资源，包括翻译技术、语料库、专业翻译人员和用户群体，为用户提供更全面、高质量的口译服务。

口译技术供应链的竞争正逐步演进为平台化的生态体系竞争。各类企业通过

---

[1] 陈晨，李丹. 5G 时代："万物互联，合作共生"的新世界 [J]. 影视制作，2019（5）：1.

平台化的方式，促进各种参与者之间的协同合作，实现资源共享、技术交流和市场拓展。这种生态平台的竞争将推动口译技术的创新和发展，为用户提供更丰富的选择和更优质的口译服务。需要注意的是，在这一竞争激烈的环境中，企业需要关注用户隐私和数据安全的问题，确保采用透明和负责任的数据管理和使用方式，使用户建立信任，确保平台的可持续发展。同时，翻译企业也需要注重保护和培养专业翻译人员，继续提高翻译质量和服务水平，以在平台化竞争中保持竞争优势。

在大型口译活动中，集人员管理、资源管理、知识管理等一体化的综合性协作平台，才能满足日益增强的口译协同管理需求。在未来的口译服务发展中，越来越多的口译软件将向平台化转型，建立综合性的口译服务平台。一些口译管理系统如 Plunet（翻译管理系统）等，已经提供集成化的口译管理功能，将客户、译员和服务通过平台绑定在一起，提供综合性的口译服务。例如，Boostlingo（在线语言服务平台）通过平台网站和 App 应用，让客户能够在全球范围内预约现场口译服务，并随时随地获得电话、视频等远程口译服务。翻译公司可以借助这样的平台管理译员，并提供电话、视频等远程口译和现场口译服务。口译人员可以在平台上承接项目、完成工作、管理任务并追踪收益。口译管理人员则可以通过平台实现全球化的口译资源调配，从而促进口译生态环境的良性发展。

综合性口译服务平台的出现可以提高整个口译过程的协同和效率，方便客户获取口译服务，同时也方便翻译公司管理和调度译员资源。这种平台化的模式可以为口译服务提供更多样化、便捷化的选择，也有助于提升口译服务的质量和可靠性。随着科技的进步和需求的变化，口译服务平台将继续发展，为口译产业带来更多机遇和创新。然而，随之而来的挑战是平台的可持续发展和解决用户隐私、数据安全等问题，这些都需要平台提供商充分考虑和应对。

在技术变革的时代，口译技术不断创新，口译工具的种类层出不穷，口译 App 的数量也不断增加，应用场景变得更加广阔。这些创新推动了口译资源的整合、模式的创新、效率的提升和生产方式的变革，为口译行业提供了重要的支撑。这种创新和发展已初步形成了连接客户、服务商和译员的生态系统。

口译技术的创新与口译服务需求的不断增长相互促进，满足了客户对多样化、个性化口译服务的需求。通过口译技术的应用，口译服务变得更加灵活、高效和便捷。在当今时代,无论是口译员还是口译培训人员,都需要进行系统性的学习,了解口译技术的创新模式,掌握口译技术发展的趋势。

口译员需要不断提升自己的综合口译服务能力,将语言能力与技术知识相结合,提供更专业、高效的口译服务。同样,口译培训人员也需要紧跟口译技术的发展趋势,针对新技术的应用进行培训和指导,帮助口译员提升自己的技能水平。口译培训应当注重培养口译员的技术能力,让他们能够适应口译行业的变革和发展,为客户提供更专业的口译服务。

AI 技术的爆发式发展带来了一系列的颠覆性创新,对口译行业产生了深远的影响。通过超越传统口译服务的时空限制,AI 技术为口译提供了全新且广阔的应用市场,极大地增强了行业的语言服务能力,并改变了传统翻译行业的时空格局。AI 技术在口译领域的应用为口译实践带来了许多便利和机遇。例如,机器翻译和语音识别技术的进步使得即时口译更加高效和准确,远程和在线口译成为可能,为跨国、跨地区的商务交流和国际会议提供了便利。同时,AI 技术的应用也为口译教育带来了创新,例如通过虚拟实境技术进行模拟口译训练,提供个性化的口译学习和评估。

重视口译技术对口译人才培养的综合素质具有直接影响。口译人才不仅需要具备优秀的语言能力和专业知识,还需要熟悉和掌握当下的技术工具和平台。对口译技术的重视可以帮助口译人才提升工作效率、提供更精准的口译服务,并在面对新技术和新挑战时保持竞争力。在《教育信息化 2.0 行动计划》中加强师生的信息化应用水平和信息素养是一个重要的目标,但目前确实在开设口译技术课程或将人机互动融入口译教学中的高校还比较少。提升广大口译师生的口译技术素养已经成为一个紧迫的问题。

随着新技术、新市场、新业态、新模式和新机遇的出现,口译教育和口译研究都需要进行重新定位,以适应和顺应技术的发展潮流。口译技术在翻译活动和社会发展中的影响是不可忽视的,因此,对口译技术的概念、定位和发展趋势进行阐释和梳理是非常必要的。口译技术的概念和定位是表明口译在技术层面上所涉及的内容和范畴。口译技术包括传统的口译技巧和技能,也包括与信息技术、计算机科学、数据处理和人工智能等领域相结合的新技术应用,例如语音识别、机器翻译、语义分析等。

口译技术对于提高口译品质、效率和服务能力具有重要作用。同时，需要正确认识口译技术的本质内涵。口译技术不仅仅是技术工具和手段，更是一种应对技术发展和社会需求的能力和素养。口译技术不仅可以提升口译从业者的工作效率，还可以拓宽口译的应用领域，实现更多样化的口译服务。因此，建立全面和正确的口译技术教育知识框架，对于促进口译研究的蓬勃发展具有重要意义。

口译技术的发展趋势包括但不限于以下方面：更智能化的机器辅助翻译工具的应用，如机器翻译和自动语音识别技术的发展；数据驱动的口译质量评估和培训系统的建立；远程和在线口译的发展和应用；面向特定领域的口译技术研究和专业化发展等。这些趋势将为口译从业者提供更多的工具和资源，也将为口译研究开辟新的研究领域。

参考文献

[1] 李桂媛，苏长青. 口译 [M]. 天津：天津大学出版社，2003.

[2] 刘和平. 翻译学：口译理论和口译教育 [M]. 上海：复旦大学出版社，2017.

[3] 邹德艳. 口译的记忆训练：理论与实践 [M]. 北京：中央编译出版社，2016.

[4]（瑞士）让·艾赫贝尔. 口译须知 [M]. 北京：外语教学与研究出版社，1982.

[5] 曾静，田川，陈奕. 基础口译教程 [M]. 北京：北京理工大学出版社，2013.

[6] 韩哲，王军平. 翻译 [M]. 哈尔滨：哈尔滨工业大学出版社，2011.

[7] 杨莉，李哲，姜宁. 文学翻译多维研究 [M]. 北京：中国纺织出版社，2019.

[8] 刘宓庆. 新编当代翻译理论 [M]. 北京：中译出版社，2019.

[9] 许渊冲. 翻译的艺术 [M]. 北京：五洲传播出版社，2018.

[10] 邓志辉. 翻译专长与翻译的不确定性管理过程 [M]. 广州：中山大学出版社，2016.

[11] 熊兵. 翻译研究中的概念混淆——以"翻译策略"、"翻译方法"和"翻译技巧"为例 [J]. 中国翻译，2014，35（03）：82-88.

[12] 张美芳. 文本类型、翻译目的及翻译策略 [J]. 上海翻译，2013（04）：5-10.

[13] 胡庚申. 生态翻译学的研究焦点与理论视角 [J]. 中国翻译，2011，32（02）：5-9+95.

[14] 张锦兰. 目的论与翻译方法 [J]. 中国科技翻译，2004（01）：35-37+13.

[15] 郭建中. 翻译中的文化因素：异化与归化 [J]. 外国语（上海外国语大学学报），1998（02）：13-20.

[16] 范祥涛，刘全福. 论翻译选择的目的性 [J]. 中国翻译，2002（06）：27-30.

[17] 孙致礼. 中国的文学翻译：从归化趋向异化 [J]. 中国翻译，2002（01）：40-44.

[18] 张新红，何自然. 语用翻译：语用学理论在翻译中的应用 [J]. 现代外语，

2001（03）：286-293+285.

[19] 李运兴. 字幕翻译的策略 [J]. 中国翻译，2001（04）：38-40.

[20] 陈小慰. 翻译功能理论的启示——对某些翻译方法的新思考 [J]. 中国翻译，2000（04）：10-13.

[21] 张梦璐. 联络口译译员角色理论及西汉-汉西口译语境中的实证研究 [D]. 北京：北京外国语大学，2014.

[22] 卢小军. 国家形象与外宣翻译策略研究 [D]. 上海：上海外国语大学，2013.

[23] 赖祎华. 口译动态 RDA 模型研究 [D]. 上海：上海外国语大学，2012.

[24] 王守宏. 跨文化语用学视角下的外宣翻译策略研究 [D]. 上海：上海外国语大学，2012.

[25] 窦卫霖. 中美官方话语的比较研究 [D]. 上海：上海外国语大学，2011.

[26] 张吉良. 当代国际口译研究视域下的巴黎释意学派口译理论 [D]. 上海：上海外国语大学，2008.

[27] 龚龙生. 顺应理论在口译中的应用研究 [D]. 上海：上海外国语大学，2008.

[28] 庄智象. 我国翻译专业建设——问题与对策 [D]. 上海：上海外国语大学，2007.

[29] 蔡露虹. 论联络口译员的角色定位 [D]. 厦门：厦门大学，2006.

[30] 王斌. 汉英双语语料库自动对齐研究 [D]. 北京：中国科学院研究生院（计算技术研究所），1999.